Martin Buchholz
Was machen wir hinterher?

Martin Buchholz

Was machen wir hinterher?

Hanns Dieter Hüsch
Bekenntnisse eines Kabarettisten

Brendow
VERLAG + MEDIEN

Bibliografische Information der Deutschen Nationalbibliothek
Die Deutsche Nationalbibliothek verzeichnet diese Publikation in der Deutschen Nationalbibliografie; detaillierte bibliografische Daten sind im Internet über www.d-nb.de abrufbar.

3., veränderte Auflage 2010
ISBN 978-3-86506-328-1

Einbandgestaltung: BrendowCreativ, Moers
Titelfoto: Paul Maaßen, Kempen
Fotos: Andreas Faber, Bergneustadt (S. 19, 24, 168, 181)
dpa (S. 31, 126, 230)
Druck und Bindung: CPI – Clausen & Bosse, Leck
Printed in Germany

www.brendow-verlag.de

Inhalt

Ouvertüre

Ich war und bin immer ein Prediger und ein Zweifler,
mal mit der Fackel in der Hand,
mal mit der Narrenkappe auf dem Gehirn,
mal als Kind und mal als Komiker.
Ich bin ein fahrender Poet,
ein Gedankengänger und ein Glückskind.
Ich kann aus Trauer Trost machen,
aus Schmerzen Heiterkeit,
aus Zorn Zärtlichkeit,
aus Feinden Freunde
und aus Weinen Lachen.
Wie ich das mache, weiß ich nicht.
Das weiß nur der liebe Gott.
Hanns Dieter Hüsch

„Mir kann man nichts erzählen“,
sagt der aufgeklärte Zeitgenosse mit doppelter Betonung auf dem „Mir“ und dem „nichts“. Mit einem überlegenen Lächeln um die Lippen, dem Boulevard-Blatt vom Tage auf den Knien und der Fernbedienung in der Hand. Er glaubt nur noch das, was er sieht. Natürlich durchschaut er auch die bunten Bilder der Medien, die aufgeblasenen Schlagzeilen und die inszenierten Wirklichkeiten des Infotain-

ment. Die ganze Welt eine große Unterhaltungsshow. Ihm macht man nichts mehr vor.

Er hat den Sinn für die Realitäten, er kennt den großen Bluff, er fand schon im Vorschulalter heraus, dass der Weihnachtsmann gar nicht mit dem großen Schlitten angeflogen kam, sondern einfach nur sein Onkel Werner mit angeklebtem Schaumwolle-Bart war. Er braucht schon lange kein Christkind und keine Rapunzel mehr. Er kennt die archäologischen Belege dafür, dass stark behaarte Affen unsere Vorfahren waren und sie nicht als Adam und Eva durch einen blühenden Garten spazierten. Er hat gelesen, dass die historischen Fakten über das Leben des Jesus aus Nazareth mehr als umstritten sind. Und irgendjemand seinen Leichnam bei einer Nacht-und-Nebel-Aktion aus der Gruft geklaut haben muss. Auferstehung von den Toten? Vergebung der Schuld? Das ewige Leben? Nichts ist bewiesen, darum kann man ihm auch nichts mehr erzählen, weil er alles schon weiß, weil er das Leben kennt und dem verrückten Weltgeschehen aus sicherer Distanz vom heimischen Fernsehsessel aus beiwohnt. Berieseln lässt er sich ganz gern, nur berühren tut es ihn nicht mehr. Das wäre ja noch schöner. Wo kämen wir denn da hin?

Ja, genau: Wo kämen wir hin, wenn es noch Geschichten gäbe, die unser Herz und Hirn berührten, die unsere Fantasie auf Touren und unsere zementierten Denkmuster ins Wanken brächten? Wo kämen wir denn da hin, wenn man uns noch etwas erzählen könnte? Von den Dingen zwischen Himmel und Erde, die höher und tiefer sind als alle aufgeklärte Vernunft? Von der Liebe in Zeiten der Ellenbogen-Gesellschaft? Von der Hoffnung gegen besseres Wissen?

Wir erzählen uns Geschichten,
weil die Welt nicht so ist, wie sie sein soll. Darum beschäftigt sie nicht nur die Schriftsteller, Songwriter und bildenden Künstler, sondern auch die Kabarettisten und die Journalisten. Ohne Konflikt keine Geschichte, da sind sich alle einig. Doch ohne Liebe zu den Menschen auch kein Glaube und keine Hoffnung, dass die Welt ganz anders sein könnte. Da scheiden sich die Geister.

Geschichten erzählen ist auch mein Beruf, als Hörfunk- und Fernsehjournalist für die ARD. Geschichten über „Gott und die Welt" im WDR-Fernsehen zum Beispiel. In Film-Reportagen für „das Erste" oder in Hörfunk-Berichten für die Redaktion Religion und Gesellschaft im DeutschlandRadio.

Bewegende Erfahrungen von bewegten Menschen haben mich immer angezogen. Was bewegt eine irische Nonne, in Uganda mit einheimischen Mitarbeiterinnen den Opfern der AIDS-Epidemie zu helfen? Und Aufklärung in den Dörfern zu betreiben, auch wenn sie weiß, dass der Papst Kondome verbietet? Und sie überhaupt nicht weiß, warum Gott es zulässt, dass Abertausende unschuldiger Kinder als AIDS-Waisen allein zurück bleiben. Was bewegt einen bis dato überzeugten deutschen Esoteriker, nach einer Indien-Reise in ein christliches Kloster zu gehen, um die Religion seiner Heimat endlich kennen zu lernen? Was bewegt die Mütter aus einem christlichen Kindergarten in Duisburg-Marxloh, den Kontakt zu ihren türkisch-muslimischen Nachbarn zu suchen, obwohl die einen ganz anderen Glauben als sie selber haben? Und was bewegt einen literarischen

Kabarettisten, ein Programm aufzuführen, das „Meine Bibel“ heißt?

„Das muss ich Ihnen mal rasch erzählen“, sagt der Kabarettist Hanns Dieter Hüsch seit mehr als 50 Jahren. Und dann erzählt das „schwarze Schaf vom Niederrhein“ von Müttern, die erfahren haben, dass ihre Kinder nicht die besten waren, von den Wolken, die der Fußboden des lieben Gottes sind, vom Geheimnis der Liebe in Zeiten des Todes, von der Demut, weil Gott es besser weiß, von dem Hochmut, der die Menschen zu Kriegstreibern macht, von den Butterbroten seiner Großmutter und dem kleinen jüdischen Jungen, mit dem er plötzlich nicht mehr spielen durfte.

Hüsch war schon „40 Jahre unterwegs“, als ich ihn 1988 zum ersten Mal live in seinem Kabarett erlebte. Zwei Jahre später spielte er in einer katholischen Kirche in Bonn das Programm „Meine Bibel“. Und seitdem verfolge ich seine Spuren in Kirche, Kabarett und unseren Küchen. Seitdem möchte ich wissen, warum der große Skeptiker gegenüber der brutalen Weltgeschichte sein bestes Programm von 1984 „Und sie bewegt mich doch …“ genannt und auch so gemeint hat. Seitdem interessiert mich sein christlicher Glaube und wie er ihn versteht. Seitdem habe ich mich in meiner theologischen Magisterarbeit für die Universität Bonn mit Hanns Dieter Hüsch – offen gestanden – qualvoll wissenschaftlich und notgedrungen pedantisch beschäftigt, aber auch einige lustvolle Hörfunkreportagen für den Deutschlandfunk, das DeutschlandRadio und den NDR über ihn produziert. Aus unseren Gesprächen und Begegnungen der letzten zehn Jahre und aus seinen Programmen und Texten der letzten 50 Jahre ist dieses Buch entstanden.

„Dies ist meine Geschichte"
heißt ein ganz alter Text von Hanns Dieter Hüsch, von dem noch zu erzählen sein wird.

Dieses Buch ist meine Geschichte mit ihm, von ihm und über ihn, so wie ich sie erfahren und verstanden habe. Es ist ein Lese-Buch – was sonst? – geworden, in dem Sie eine sehr subjektive Auswahl seiner Lieder, Gedichte und Geschichten finden werden. Manches davon findet sich verstreut auch schon in anderen Büchern von und über Hüsch, manches wurde noch nie schriftlich veröffentlicht.

Es ist aber auch ein Buch der Bekenntnisse geworden. Seit wir uns kennen, hat mich der Kleinkünstler vom Niederrhein so manches Mal überrascht mit seinem Mut, sich selber offen und ungeschützt preiszugeben, sein Innerstes bekannt zu machen und zu alledem zu stehen, woran er gescheitert und gewachsen ist und was seine Welt im Innersten zusammenhält.

Ich habe dieses Buch geschrieben, weil mich der Christ und heilige Narr Hanns Dieter Hüsch interessiert und persönlich berührt hat. Seine Gedanken über den Glauben an Gott und unser Leben in seiner Welt sind das Herzstück der folgenden neun Kapitel. In der Hoffnung, dass Sie sich eine solche Geschichte noch erzählen lassen, habe ich sie aufgeschrieben.

Eine ganz andere Geschichte
sind die Menschen, die dieses Buch ermöglicht haben.

Ich danke meinem Freund Andreas Malessa, der mich hartnäckig ermutigt hat, es zu schreiben. Ich danke meinem ersten und besten Hörfunkredakteur Herbert A. Gornik, heute beim DeutschlandRadio Berlin, der mich 1990 losschickte, um den „kleinen Prinzen und Prediger" Hüsch für das Radio zu porträtieren. Ich danke meiner Frau Annegret für ihre Anteilnahme und Geduld und meinem Freund Michael Simons, dem Kinderpsychologen und Hüsch-Fan für wertvolle Anregungen und ich danke ganz besonders Hanns Dieter Hüsch, dass er sich so oft die Zeit genommen hat, meinen neugierigen Fragen Rede und Antwort zu stehen.

Also dann: Vorhang auf für den Fantasten des Herrn!

Martin Buchholz

Vorwort zur Neuauflage

Als dieses Buch in erster Auflage erschien, war Hanns Dieter Hüsch 75 Jahre alt. Am 6. Dezember 2005 ist er im Alter von 80 Jahren nach langer, schwerer Krankheit gestorben.

Seine letzten Lebensjahre verbrachte Hüsch unter der liebevollen Fürsorge seiner Frau Christiane in ihrem Landhaus in Windeck-Werfen. Aus der Öffentlichkeit hatte Hanns Dieter Hüsch sich zurückgezogen. Das gilt es zu respektieren. Darum werden Sie auch in der Neubearbeitung dieses Buches zwar einige ergänzende Episoden und Texte, aber keine Einblicke in das private Leben von Hanns Dieter Hüsch aus seinen letzten Lebensjahren finden.

Meine persönliche Geschichte mit Hüsch wird mich mein ganzes Leben lang begleiten. So viel kann ich ohne Übertreibung sagen. Seine Kunst und seine Gedanken haben mich tiefer und nachhaltiger geprägt, als er selber es mir geglaubt hätte.

Meine öffentliche Geschichte mit Hanns Dieter Hüsch endet im April 2000. Da trafen wir uns noch einmal im WDR. Wir hatten ihn eingeladen, uns für die Sendung „Gott und die Welt" vor der Kamera seinen Text „Was machen wir hinterher?" zu lesen. Zahlreiche Interviews hatte ich schon mit Hüsch geführt. Nun stand ich dem Künstler zum ersten und einzigen Mal als Regisseur gegenüber, sollte beurteilen, ob mir die Rezitation seines Textes gefällt, und war entsprechend aufgeregt. Bei der ersten Aufnahme las Hüsch sehr langsam und getragen, fast pastoral. Mir fehlte die Leichtigkeit, die ich von ihm kannte. Nur: Sollte ich Grünschnabel das dem Altmeister der literarischen Kleinkunst einfach so ins Gesicht sagen? Ich druckste etwas herum und meinte dann: „Äh, ja, das fand ich schon sehr schön …“ Weiter kam ich nicht. Hüsch fuhr mir sofort in die Parade, haute heftig auf den Tisch und erwiderte schmunzelnd: „Neeneenee, so nicht, mein Lieber! ‚Schon sehr schön‘ heißt: Mit Verlaub, es war Murks! Nur zu, sagen Sie doch gleich, wie wir es besser machen können!“ Alles lachte, ich wurde rot, und die nächste Aufnahme war wunderbar …

Hinterher brachte ich ihn zum Taxi. Hüsch war in aufgeräumter Stimmung, aber auch sichtlich erschöpft. Auf dem kurzen Weg vom Fahrstuhl bis zum Wagen stützte er sich fest auf meinen Arm.

„Wenn ich König wäre“, hat Hüsch einmal gesagt, „dann würd ich morgens auf den Balkon kommen und würde ganz laut rufen: ‚Geht nach Hause! Macht, was ihr wollt! Lasst mich in Ruh!‘“

Dieser Satz fiel mir wieder ein, als ich dem Taxi nachblickte. Und ich beschloss, mich daran zu halten. Jener Tag war unser letzter gemeinsamer Pressetermin. Alles andere steht in diesem Buch. Über Ihre Meinung dazu freut sich

Martin Buchholz
info@MartinBuchholz.com
www.MartinBuchholz.com

Kapitel 1

Was machen wir hinterher?

Was machen wir hinterher? Was machen wir morgen?
Wo trifft man uns im nächsten Jahr?
Leben wir alleine? Haben wir Sorgen oder haben wir keine?
Ich bin zuversichtlich, denn Gott, der Herr,
Versöhnt mich mit den Dingen, die mir schwer fallen.
Sind wir vernünftig? Oder sind wir in Not? Was tun wir gegen Haarausfall?
Husten wir nicht ständig? Sind wir schon tot? Oder sind wir noch lebendig?
Ich bin ohne Furcht, denn Gott, der Herr,
Versöhnt mich mit den Menschen, die mir fremd waren.
Was machen wir hinterher? Trinken wir ein Bier? Sind wir gut versichert?
Haben wir Kinder? Spielen wir Klavier oder sind wir Erfinder?
Ich bin zuversichtlich, denn Gott, der Herr,
Versöhnt mich mit dem Leben, das nicht leicht ist.
Sind wir labil? Oder sind wir wie die Ringer?
Und drücken gleich zu in unsren vier Wänden?
Oder zählen wir unsere Finger an unsren zwei Händen?
Ich bin ohne Furcht, denn Gott, der Herr,

Versöhnt mich mit den Feinden, die ich töten wollte.
Haben wir etwa Schulden? Nehmen wir Tabletten?
Oder haben wir ein Vorbild
aus der Geschichte? Leben wir in Ketten?
Oder schreiben wir Gedichte?
Ich bin zuversichtlich, denn Gott, der Herr,
Versöhnt mich mit dem Tag, an dem ich gehen muss.
Was machen wir hinterher? Fahren wir weit weg?
Oder geh'n wir gleich nach Haus?
Tanzen wir im Gebirge? Oder tauchen wir tief?
Steigen wir ein? Oder steigen wir aus?
Ich bin ohne Furcht, denn Gott, der Herr, macht mich leicht
Und versöhnt mich mit Himmel und Erde.
(aus: Meine Bibel)

„Wenn man älter wird – was ist das mit dem Älterwerden?"

Hanns Dieter Hüsch kratzt sich am kurzrasierten grauen Bart. Sein Blick gleitet flüchtig über den großen Wandspiegel in der engen Garderobe.

„Natürlich sagt man sich: Es werden nicht mehr so viele Jahre sein. Natürlich denkt man ab und an, nicht immer, aber manchmal so zwischendurch daran."

Es ist der 4. Oktober 1990.

An diesem Abend wird Hüsch hier im „Senftöpfchen", Kölns renommiertem Kleinkunsttheater, sein Programm „Feine Komödien, feine Tragödien" aufführen.

Davon – von Ihren und meinen komischen und tragischen Seiten und auch von unseren gemischten Gefühlen, der alltäglichen Tragikomik und Melodramatik zwischen Dienstag und Sonntag, von dem, was uns bewegt und berührt, beschwert oder belustigt, kurz: von allem, was uns alle unbedingt angeht, genau davon hat Hüsch schon auf der Bühne erzählt, als ich noch längst nicht geboren war, meine Eltern sich noch gar nicht kannten, sondern noch die ersten Klassen der Volksschule besuchten und sich freuten, wenn ihre Mütter durch raffinierten Tauschhandel und gute Beziehungen beim Bauern auf dem Lande ein paar Kartoffeln abstauben konnten.

Seit 1948 steht, pardon: sitzt Hanns Dieter Hüsch auf den Brettern, die die Welt deuten. Und das hat er stets auf seine ganz eigene unverwechselbare Art getan. Deutschlands dienstältester Kabarettist kann sich hemmungslos darüber ereifern, dass ein geschmiertes Leberwurstbrot, wenn es herunterfällt, immer mit der geschmierten Seite nach unten auf dem Teppichboden landet und berichtet im nächsten Atemzug von dem deutschen Sanitätssoldaten in Kambodscha, der bei einem „Friedenseinsatz" ums Leben kam, ohne dass sich heute noch irgendjemand daran erinnern würde. Hüsch hat beobachtet, wie eine Frau ihrem blinden Mann in der Kölner Innenstadt die Auslagen der Schaufenster und unsere Welt erklärte, er besingt die Fantasie der Kinder und seinen Onkel Heinrich, der im Grab verwechselt wurde, er belauschte die Nachfeiern beim Kaffetrinken nach Beerdigungen und war dabei, als die Juden aus seiner Heimatstadt Moers „plötzlich alle in Holland" waren.

Über all das plaudert Hüsch in seinen Programmen so atemlos rasch, ohne Punkt und Komma und besinnlichen Gedankenstrich, dass Sie wirklich froh sein können, in diesem Buch einige nicht nur hörens-, sondern auch lesenswerte Passagen seiner Gesänge, Gedichte und Geschichten einmal in aller Ruhe verfolgen zu können. Selbst wenn Hüsch der Überzeugung ist: „Man darf dem Publikum keine ruhige Minute lassen. Sonst ist man verloren!"

Er ist wohl der einzige Kabarettist hierzulande, der ohne eine Spur von Ironie Psalmen und Gebete in seine Programme einflicht und seinem Publikum schon in den 50er Jahren empfahl, mal wieder die Bibel aufzuschlagen: „Allen, die sich jetzt entzweit sehn, empfehlen wir 1. Korinther 13."

Hüsch ist ein verbesserlicher Humanist und ein „gläubiger Christ", wie er selber immer wieder erzählt. Ein heiliger Narr unter den Kleinkünstlern, der von sich sagt: „Ich möchte, dass die Welt mal lächelt, ehe es zu spät ist. Ich möcht' ein Clown sein, dessen Herz ein lustiger Planet ist." Aber ich bin schon längst zu weit zurück- und vorausgeeilt. Wo waren wir stehen geblieben?

Im Oktober 1990 ist Hüsch 65, im besten Alter, um in Rente zu gehen. Doch immer noch bereist er die Republik von Langeoog bis Oberammergau, von Elmshorn bis Dresden.

Ein Kabarettist auf der Durchreise. In vollen Zügen unterwegs, oft aber auch mit eigenem Fahrer. Notgedrungen. Denn Hüsch hat keinen Führerschein, doch seine kleine Philips-Orgel im Gepäck. Die berühmte kastenförmige braune „philicorda“ mit 29 weißen und 20 schwarzen Tasten, einige ragen schon etwas krumm hervor, aber sie wimmern immer noch so seltsam melancholisch wie anno dazumal.

Und Hüsch hat jede Menge Auftritte: Bis zu 200 im Jahr. Nicht überall fahren Züge hin. Oder nur mit Dreimal-Umsteigen und den üblichen Verspätungen. Der Regionalexpress wartet nicht. Und von Osnabrück nach Georgsmarienhütte gibt es nur eine Busverbindung. Aber der Kleinkünstler muss pünktlich sein. Denn um 20:00 Uhr geht wieder der Vorhang auf.

Hüsch ist (fast) überall. Bis zu 200 Auftritte im Jahr bewältigt der Kabarettist seit vielen Jahren schon.

Es wird ja niemand mehr mit nichts fertig.
Mit sich nicht, mit den andern auch nicht.
Alle bitten um Aufschub, keiner kann einen Termin einhalten,
alle Fristen werden überschritten, niemand ist zu erreichen,
alle sind unterwegs, dann ist kein Personal da.
„Tut mir Leid, ist kein Personal da."
Keiner ist gut in der Zeit, alle laufen hinterher,
die Welt verspätet sich immer mehr.
Die Uhren gehen zu schnell.
Keiner kann mehr pünktlich sein, keiner will schuld sein,
alle haben einen Grund,
einen Hintergrund, einen Hauptgrund, einen Abgrund,
es kommt keiner ans Ziel,
aber trösten Sie sich:
Gottfried Benn hat schon vor langer Zeit gesagt:
„Sterben heißt: dies alles ungelöst verlassen."
„Nananana!" hör ich da einen aufgeweckten Denker rufen.
„Warum denn auf einmal so ernst?! Wir sind doch hier im Kabarett!"
Natürlich, der Mann hat ja recht. Warum denn auf einmal so ernst?
Beugen wir uns der Einschaltquote.
Wir sind ja hier im Kabarett.
(aus Programm: Ein neues Kapitel)

„Also, mir geht es ja so: ich habe ja noch diese oder jene Pläne. Ich will noch zehn Jahre auf dieser Kabarettbühne herumturnen und alles Mögliche weitermachen, wenn der liebe Gott mich halt gesund lässt. Und dann sag ich mir immer: Mensch, was machst du für Pläne, Hüsch? So als ob du 35 wärst! Der liebe Gott kann ja zum Beispiel – daran sehen Sie, wie naiv ich bin, dass ich immer noch ‚der liebe Gott' sage, nicht wahr, diese schöne, kleine, kindliche Form –, er kann dich doch morgen auf der Straße mitnehmen. Dann ist dein ganzes Denken und Planen nichts gewesen."

Der Gedanke lässt ihn schmunzeln. Dann lehnt er sich zurück und atmet tief durch:

„Und wenn das so ist – dann will man sich ja zunächst dagegen wehren. Das ist, als wenn Christus unsere Vorgeschichte wäre, wenn er sagt: ‚Lass diesen Kelch an mir vorübergehen, aber wenn es nicht geht, dann bitte schön!'"

Wie möchten Sie leben, fragt er mich. Wie möchten Sie sterben?
Schnell, allein, erstaunt, plötzlich, ganz überraschend,
stakkato, bei der Arbeit, im Liegestuhl, unverhofft,
auf einer Kreuzfahrt, beim Flippern, oder wie?
Natürlich erfüllt! Sagt er zu mir! Dacht ich's mir doch:
erfüllt! Haha! Natürlich erfüllt.
(aus Programm: Und sie bewegt mich doch)

„Natürlich ist der Glaube an Jesus Christus für viele Leute schon ein Trost und ein Rückgrat, und wir brauchen das auch. Viele sagen ja, jetzt rein psychologisch, analytisch:

‚Naja, also, klar, ist ja logisch! Die Menschen haben Angst ...' Und so ist es tatsächlich. Aber ich finde es schön, dass diese Zuversicht möglich ist, dass ich mich damit anfreunden konnte und mir durch den Glauben zumindest eine gewisse Angst genommen wird."

Und wenn ich auch nichts mehr sähe
von dieser albernen Welt,
und ich wollte die Wälder und Meere suchen,
die niederländischen und die mediterranen, und ich
fände sie nicht,
und fände nicht Tier noch Freund, nicht Frau noch Kind,
hätte auch keinen Gedanken, mich aus dem Dickicht der
Leere herauszuführen,
und da wäre kein Weg und kein Zeichen.
Gottes Auge sieht meine Schwäche und meine
Müdigkeit
und lenkt mich mit Sanftmut nach Haus.
Ich weiß ja nicht, meine Damen und Herren, liebe
Freunde, nicht direkt in diesem Zusammenhang,
aber was Sie von Papiertaschentüchern halten ...
(aus Programm: Ein neues Kapitel)

„Es entsteht auch, gerade im Alter – in der Jugend ist das noch nicht so stark – eine gewisse Leichtigkeit. Wenn man älter wird, werden viele Dinge auch recht hinfällig. Und ich meine jetzt nicht körperliche Gebrechen. Im Gegenteil, ich meine all die großen Gedanken, die man sich früher so gemacht hat über die Welt und die Geschichte. Ich habe gar nichts gegen das Alter. So fünfzehn Jahre möcht ich auch noch so richtig alt sein, aber – wie gesagt – gesund bleiben. Das ist ja ganz interessant: Wenn man älter wird, sagt alle fünf Minuten jemand: ‚Hauptsache gesund!' Nicht wahr. Da wird's jetzt wieder kabarettistisch. Aber es ist doch so: Wir hängen ab von der Zeit, die uns gegeben wird."

September 1999, neun Jahre später. Ein lauer Sonntagmorgen. Das Kölner Senftöpfchen feiert 40-jähriges Bestehen. Heute mit einer Matinée. Hanns Dieter Hüsch spielt sein aktuelles Programm „Wir sehen uns wieder". Er wohnt nur drei Straßen vom Senftöpfchen entfernt, in einem winzigen Appartement direkt neben den Glocken von Groß St. Martin.

Wir sind verabredet. Ich warte vor der Tür des Kleinkunsttheaters. Da kommt ein alter Herr unten vom Rheinufer ganz langsam, leicht gebeugt und schwankenden Schrittes, bedachtsam Meter für Meter, auf mich zu, ein Einzelgänger, sonntagmorgens um neun wie im richtigen Leben, eingepackt in einen schwarzen Mantel, den dunkelblauen breitkrempigen Hut tief ins Gesicht gezogen, Manuskriptblätter unter den Arm geklemmt.

„Ich sage immer so scherzhaft", erzählt er mir später: „Wenn mich morgens jemand von Weitem gehen sieht, der denkt bestimmt: ‚Mensch, der hat ja schon so früh ganz schön einen in der Krone!'"

Ein besonderes Duo: Hüsch und seine Orgel.

Ich sing für die Verrückten. Die seitlich Umgeknickten
Die eines Tags nach vorne fallen. Und unbemerkt von allen
An ihrem Tisch in Küchen sitzen. Und keiner
Weltanschauung nützen
Die tagelang durch Städte streifen. Und die Geschichte
nicht begreifen.
Die sich vom Kirchturm stürzen. Die Welt noch mit
Gelächter würzen
Und für den Tod beizeiten, sich selbst die Glocken läuten
Die an den Imbisstheken hängen, sich weder vor- noch
rückwärts drängen
Und still die Tagessuppe essen. Dann alles wieder
schnell vergessen
Die mit den Zügen sich beeilen, um nirgendwo zu lang
zu weilen
Die jeden Abschied aus der Nähe kennen. Weil sie das
Leben Abschied nennen
Die auf den Schiffen sich verdingen. Und mit den
Kindern Lieder singen
Die suchen und die niemals finden. Und nachts vom
Erdboden verschwinden
Die Wärter stehen schon bereit mit Jacken, um
werkgerecht die Irrenden zu packen
Die freundlich auf den Dächern springen. Für diese
Leute will ich singen
Die in den großen Wüsten sterben, den Schädel schon
in tausend Scherben
Der Sand verwischt bald alle Spuren, das Nichts läuft
schon auf vollen Touren

Die sich durchs rohe Dickicht schieben, vom Wahnsinn wund und krank gerieben
Die durch den Urwald aller Seelen blicken, den ganzen Schwindel auf dem Rücken
Ich sing für die Verrückten, die seitlich Umgeknickten
Die eines Tags nach vorne fallen, und unbemerkt von allen
Sich aus der Schöpfung schleichen, weil Trost und Kraft nicht reichen.
Und einfach die Geschichte überspringen. Für diese Leute will ich singen.
(Chanson aus: Enthauptungen, 1970)

1998 hat man den Lungenkrebs entdeckt. Vier Chemotherapien muss Hüsch über sich ergehen lassen.

„Dann war der Tumor weg. Und es wurden Bestrahlungen gemacht, dreißig für den Thorax und zwanzig für den Kopf, prophylaktisch. Und hinterher waren wir alle sehr euphorisch, Familie, Freunde, Verwandte, Bekannte, Kollegen, und so weiter. Dann machten wir eine neue Computer-Kontroll-Tomographie. Und da stellt sich raus: Da ist ein neuer Tumor, von derselben Art, der sich auf demselben oberen linken Lungenblatt angesiedelt hat. Und da sagten die Ärzte: ‚Jetzt können wir mit Chemotherapie und Bestrahlungen nichts mehr machen. Wir müssen operieren.'"

Im Mai 1999 wird der Lungenlappen entfernt. Hüsch erholt sich in der Reha-Klinik, danach Chemotherapie, er fährt mit seiner Frau Christiane in den Urlaub an die Ostsee, es folgt die nächste Chemotherapie. Der 74-Jährige hat kaum noch Kraft in den Beinen. Nur wenige Wochen später tritt er wieder auf.

„Das halte ich für eine ganz gute Therapie. Denn das brauch ich auch. Das Ganze ist ja nicht so schwierig bei mir. Ich sitze ja hinter meinem kleinen Örgelchen, was ich zur Zeit kaum benutze, aber ich sitze dahinter. Das einzig Schwierige ist der Weg von der Kulisse zur Orgel und zurück, der Weg von der Orgel in die Pause und dann wieder in die Kulisse. Da muss ich aufpassen, dass ich also wirklich nicht das Gleichgewicht verliere, aber ansonsten halt ich das schon für wichtig, dass ich das machen kann."

Nun, mein Schätzchen, sage ich, es ist doch so,
jeder echte Niederrheiner flüchtet sich, wenn er nicht weiter weiß,
in die Poesie.
Ich zum Beispiel verkaufe Scherzartikel, Fische, die die Träumerei flöten,
Gänse, die das Ein-mal-eins schnattern, ich verkaufe Scherzartikel und Geduldsspiele,
und ich sage dieser Welt: Lass dich verändern, mit viel Geduld und einigen Scherzen!
Und die Welt sagt: eh, eh, ich bleibe so, wie ich bin.
Und es springen aus meinem Koffer
dreiundneunzig Schmetterlinge mit der kleinen Tagmusik auf den Lippen,
und die Welt sagt immer noch: ich bleibe so, wie ich bin.
Gut, dann, dann betrinke ich mich und übe mit dem Wirt

das Alphabet,
das Stiefmütterchenalphabet, das Vergissmeinnichtalphabet,
das Wiesenschaumkrautalphabet, das Alpha und das Gammabet,
ich verkaufe kleine Städte mit lustigen Marktplätzen,
nachts um drei, ich verkaufe alles, was leicht macht,
leicht, leicht, leicht,
das schönste an den alten Menschen sind doch die Fältchen an den Augen,
diesseits und jenseits, die verkauf ich auch.
(aus Programm: Wir sehen uns wieder)

Da sitzt ein schwer kranker Sprachmusikant hinter seinem Örgelchen und sagt und singt von der Leichtigkeit des Seins. Ein entrückter Philosoph, ein Meister der Verdrängung?

Das vergangene Jahr war nicht lustig für ihn, es hat ihn müde gemacht, ungeduldig mit der wachsenden Schwäche, aber nicht bitter. Nein, noch heiterer sei er geworden, erzählt mir Hüsch an diesem Morgen. Welche Erklärung hat er dafür?

„Ja, ich weiß es nicht. Ich nehme an, es kommt durch meinen christlichen Glauben. Weil ich mir sage: Alles andere ist doch Mumpitz – Ich übertreibe jetzt natürlich! Aber das hat mich fröhlich gemacht.

Es gibt ja diese schöne Zeile in dem einen Psalm von mir:

‚Was macht, dass ich so unbeschwert und mich kein Trübsal hält?

Weil mich mein Gott das Lachen lehrt, wohl über alle Welt!‘

Das heißt: Die Welt fängt allmählich an, mich weniger zu interessieren, ja, mein Interesse zu verlieren, und ich beginne, mit ihr recht spaßig – ich will gar nicht sagen ‚spöttisch‘ –, aber mit ihr recht spaßig umzugehen und zu sagen: Komm, nimm es nicht so ernst.

Aber darüber hinaus gibt es natürlich moralische Tugenden, die erhalten bleiben: freundlich sein, bescheiden sein, Respekt und Achtung vor jedermann und jeder Frau. Und so kleine demokratische Spielregeln à la Voltaire: Wenn ich auch Ihre Meinung verabscheue, ich werde immer dafür kämpfen, dass Sie sie äußern dürfen. Das ist für mich schon ganz ganz wichtig, etwas dafür zu tun, dass an das so genannte Humanum auch noch mal erinnert wird.“

Ich weiß nicht, ob Sie das interessiert,
aber Friedrich der Große hatte ja zuletzt auch kaum noch einen Zahn.
Und anderthalb Pfund Knochen.
Und sein Diener soll ihn vier Stunden im Arm gehalten haben,
und sein Lieblingshund hat auch zuletzt noch ein Kissen gekriegt
auf dem Stuhl, aber es hat alles nichts genutzt.
Der Mann war ganz große Klasse, hab ich zu meiner Frau gesagt,
Friedrich von Preußen und Hohenzollern und Nürnberg und Hannover.

Hat aber alles nix genutzt.
Das ist doch der, hat da meine Frau gesagt, der immer so aussieht
wie der eine Schauspieler, der so einen grausamen Vater hatte.
Der Schauspieler?
Nein, der König!
Ja, sag ich, der ist das, ja.
Der ist doch schon über 200 oder 300 Jahre tot.
Ja, sicher, aber wenn ich das früher gewusst hätte,
wär ich mit zur Beerdigung gegangen.
Du hast ihn doch gar nicht gekannt,
und außerdem hast du doch gar keine Ahnung von deutscher Geschichte.
Du redest zwar viel, aber wissen tust du doch nix.
Moment mal, hab ich da gesagt, Moment mal,
ich bin Preuße. Immerhin.
Ja, aber das ist auch alles, hat da meine Frau gesagt.
Seit wann interessierst du dich denn für Friedrich den Großen?
Seit er tot ist, nicht. Hab ich da gesagt. Weil er gestorben ist.
Der Mensch, sag ich,
interessiert sich immer erst für den Menschen, wenn er tot ist.
Ja, das merk ich, hat da meine Frau gesagt, nicht wahr.
Mmh.
Ja, so ist sie halt.
(aus Programm: Wir sehen uns wieder)

Hüsch als „Alter Fritz". In der ZDF-Sendung „Der überbürgerliche Friedrich" stellte er 1985 den Preußenkönig dar.

Kann man Publikumsreaktionen in Temperaturen messen? Wenn es so etwas wie warmen Beifall gibt, dann erklingt er an diesem Septembersonntag in den zwei Etagen des Senftöpfchens. Die meisten haben sich von ihren Plätzen erhoben. Hüsch steht am Ende seines mehr als zweistündigen Programms vollkommen erschöpft neben der Orgel und nimmt den Applaus entgegen:

„Herzlichen Dank. Es ist ja sonst eigentlich meine Übung, immer mal wieder rauszugehen und wieder reinzukommen“, sagt er schmunzelnd.

„Das erspar ich mir aber jetzt in dem Zustand ein bisschen, mit Verlaub.“

Nach zwei Zugaben lassen die Besucher ihn immer noch nicht gehen. Hüsch ist sichtlich bewegt:

„Auf so viel Liebe war ich gar nicht vorbereitet.

Eigentlich möchte ich Ihnen aus dem Grund einen alten kleinen Vers von mir mit auf den Heimweg geben. Der heißt:

Ich bin gekommen, euch zum Spaß
und gehe hin, wo Leides ist
Und Freude. Und wo beides ist
Zu lernen Mensch und Maß.
Einen schönen guten Tag noch!"

Kapitel 2

Das Geheimnis der Liebe

Sonntagabend, 16. September 1990. Verlegenes Hüsteln hallt durch die „Namen-Jesu"-Kirche in der Bonner Innenstadt und mischt sich hie und da mit leisem Gemurmel. Die Dame neben mir in der knarrenden Holzbank rückt sich den Hut zurecht und nestelt dann an dem schlichten Faltblatt auf ihrem Schoß: das Programm der „Sommerakademie" des katholischen Bildungswerkes Bonn mit der spröden Ankündigung dieses Abends: „Meine Bibel – Bibelrezitation und Kommentare von und mit Hanns Dieter Hüsch."

Der schmucklose Satz war Werbung genug. Die Kirche ist überfüllt, der Küster – solchen Andrang nicht gewohnt – eilt hastig durch die Gänge, um den seltenen Gästen noch irgendeine Sitzgelegenheit anzubieten.

Hanns Dieter Hüsch, das „schwarze Schaf vom Niederrhein", der Synchronsprecher von „Dick und Doof", der Kabarettist, der „seine Pausen mit eigenem Gelächter füllt", wie der Spiegel einst über ihn schrieb, dieser Hanns Dieter Hüsch liest hier heute aus der Bibel, mit eigenen Kommentaren? Die Neugier hat sie alle, die Kabarettfans, Kulturprotestanten und schöngeistigen Katholiken, in das ehrwürdige Gotteshaus getrieben. Mich auch. Als Reporter für den Deutschlandfunk, Redaktion Religion und Gesellschaft.

Dass Hüsch schon seit einigen Jahren wieder verstärkt auf Kirchentagen auftritt und sich zudem als Laienprediger engagiert, wissen Anfang der 90er-Jahre erst wenige. Und Hüsch erzählt mir dazu später eine seiner „kleinen Geschichten":

„Ich fuhr mal sonntagsmorgens mit dem Taxi nach Köln-Klettenberg raus zur Kirche, wo mein Freund Uwe Seidel Pfarrer ist. Und der Taxifahrer sagte: ‚Wo fahren Sie denn hin?' – ‚Ja', ich sag, ‚ich fahr da in die Kirche.' – ‚Wie? In die Kirche? Sie sind doch Kabarettist!' – ‚Ja', sage ich, ‚ich bin Kabarettist. Ich predige da.' – ‚Wie? Sie predigen da? Was hat denn ein Kabarettist mit der Kirche am Hut?'

Ich will mal so sagen: Es bestehen auf allen Gebieten Klischees, das heißt, viele können sich nicht vorstellen, dass ein Kabarettist ganz seriös mit der Kirche etwas zu tun hat, es sei denn als Parodist oder Satiriker. Dabei hatte ja auch mein Kabarett immer schon an manchen Stellen solche Momente, wo man sagte: ‚Er könnte auch Pastor sein ...'

Manche amüsieren sich darüber, manche rümpfen die Nase und manche finden das komisch oder ziehen mich durch den Kakao. Das ist mir an sich völlig egal. Wichtig ist nur, dass ich ein gutes und starkes Gefühl dabei habe und dass es für mich ein absolut richtiges Tun ist."

Der Kabarettist als „Pastor"? Das lateinische Wort bedeutet „Hirte". Einer, der sich sorgt um seine Schafe. Und ihnen auf tröstliche Weise zur Seite steht, wenn sie sich fürchten.

Im Alten Testament auf literarisch wunderbare Art beschrieben in dem berühmten Psalm 23.

Nach diesem Abend in der Bonner Kirche soll mir eines klarer werden: Hüsch ist immer ein scharfzüngiger Satiriker, ein prophetischer Mahner, feinsinniger Poet und brillanter Humorist gewesen. Darüber hinaus und in alledem wurde der Kabarettist für viele zum „Seelen-Hirten". Weil seine lebenskluge Kunst Menschen hilft, sich in einer verrückten Welt etwas besser zurechtzufinden.

Zwanzig Uhr. Das Murmeln wird milder, das Hüsteln lauter. Am Kopfende der Kirche bestimmt der lichte, großzügige Altarraum das Bild. Majestätische Gemälde hängen an den Wänden und umrahmen eine Skulptur des gekreuzigten Christus. Einige Meter davor steht etwas verloren ein kleiner Tisch mit Leselampe. Dahinter ein Stuhl.

Mehrere Meter weiter rechts: die Tür zur Sakristei, die sich in diesem Moment öffnet. Begleitet vom Applaus kommt Hüsch heraus, ganz wie man ihn kennt:

Er trägt Hose und Hemd, darüber den obligatorischen Pullunder, nicht hübsch, aber hüschig eben. Denn diese Rolle hat Hüsch immer gespielt: den Privatmann mit der Maske, auch auf der Bühne augenscheinlich der alte Herr von nebenan.

Neben den obligatorischen Manuskriptblättern hält er diesesmal noch ein dickes Buch im Arm: die revidierte Ausgabe der Lutherbibel, seine Lieblingsübersetzung.

Als er seinen Tisch erreicht, ist es sehr still geworden in der katholischen Kirche. Hüsch atmet mehrmals tief durch, bevor er zu lesen anfängt: eine Collage aus eigenen Texten der vergangenen 40 Jahre, literarische Bekenntnisse eines Kabarettisten, eine lose Blattsammlung mit Notizen aus der Lebensgeschichte des niederrheinischen Küchen-Philosophen zwischen den Zeilen, verwoben mit biblischen Erzählungen, Parabeln und Gedichten.

„Nicht alle Bibeltexte sagen mir zu übrigens", meint Hüsch im Gespräch. „Daher war die Auswahl auch sehr spontan und sehr subjektiv und sehr privat."

Die Schöpfungsgeschichte, die Bergpredigt mit den Seligpreisungen und dem Gebot der Feindesliebe, mit der „Goldenen Regel" und dem Bildwort vom Salz und Licht, Jesu Kindersegnung und die Speisung der 5000, ein langer Abschnitt aus dem „Prediger Salomo" und die ganze Erzählung von Jesu Leiden, Sterben und Auferstehung aus dem Lukasevangelium, schließlich: das Hohelied der Liebe aus dem 1. Korintherbrief, Kapitel 13. Hüsch liest die Texte, die sein Leben begleitet, beeinflusst, bereichert und verändert haben.

„Die Bibel. Texte und Lieder von Abraham bis Jesus" heißt ein anderes Programm, das der Schauspieler Lutz Görner im gleichen Jahr 1990 in seinem Kölner „Rezi-Theater" aufführt. Doch während Görner die biblischen Erzählungen mit ironisch-pointierten Kommentaren versieht, charmant, aber distanziert historische Hintergründe zum Jahwe-Glauben und zur Geschichte Israels conferiert, liest Hüsch einfach das aus der Bibel vor, was ihm nachgegangen ist.

„Für mich ist das mehr als ein Rezitationsabend", sagt er später.

„Für mich ist das schon eine Verbindung mit meinem Glauben. Ich trage Texte vor, aber es ist nicht der reine Vortrag. Es gibt ja auch Leute, die lesen aus dem Schatzkästlein der deutschen Lyrik, von Walther von der Vogelweide bis Hölderlin und von Hölderlin bis Ringelnatz. Aber ich lese hier die Bibel, und das ist etwas völlig anderes. Das ist ein Werk, was noch so durchforstet werden kann und muss, und was an so vielen Stellen mir eigentlich Trost gibt, und das sogar, weil es tröstet, weil es stärkt, weil es stabilisiert, mich erheitert. Da besteht die Verbindung zu dem, was ich mit Kabarett meine und möchte."

Das Kreuz
Wie eine Krone tragen,
Sagt Chrysostomus.

Das Geheimnis der Liebe
Ist größer als das Geheimnis des Todes,
Schrieben mir – in persönlich schwerer Zeit –
Meine Freundinnen Mater Emiliana und Mater Marcella
Von den Ursulinen in Königstein.

Fast eine Minute braucht der als Schnellsprecher bekannte Kleinkünstler für diese zwei Sätze, die Ouvertüre des Programms. Jedes einzelne Wort hallt gravitätisch wider von den mächtigen Wänden, als verkünde hier einer ein neues Manifest. Hüsch gibt seine persönliche Liebes-Erklärung ab, und dabei stört es ihn zunächst nicht weiter, dass außer dem Küster und zwei bis drei Jesuiten in Zivil niemand im Saal den griechischen Prediger Johannes Chrysostomus kennt: Bischof und Patriarch von Konstantinopel, gestorben im Jahre 407, begnadeter Prediger und ein Meister paradoxer Formulierungen, wie auch Hüsch sie liebt. Doch wer will das jetzt wissen?

Was ich später wirklich von ihm wissen möchte: Welches Erlebnis verbindet er mit dem Gruß der Ursulinen?

„Das hat mich insofern so stark bewegt – ich hab das in der Kirche nicht gesagt, weil das zu weit gegangen wäre –: Meine Frau war gestorben.

Meine Frau ist Katholikin gewesen, Ursulinenschülerin. Das heißt, sie war im Internat der Ursulinen in Königstein, hat dort ihr Abitur gemacht und ist dann später nach Mainz gekommen und hat dort Germanistik studiert. Und meine Tochter, auch katholisch, ist dort später zur Schule gegangen, hat auch dort ihr Abitur gemacht, und ich war dort sehr viel, habe auch mit der Laienspielgruppe dieses Internats größere kabarettistische Aufführungen gemacht, über den Alltag, über unser Leben, und gar nicht so kirchlich. Und dabei hab ich die Mater Emiliana kennen gelernt und die Mater Marcella. Und wenn ich mit diesen Menschen zusammen war, hatte ich niemals das Gefühl: ‚Ich bin Protestant' oder ‚Ich gehöre hier nicht hin.' Und dann kam 1985 der Tod meiner Frau, der für mich",

Hüsch hält inne, schaut an die Decke,

„also schon, also, ja … ich würde sagen … ich kann das

eigentlich gar nicht beschreiben. Das war für mich eine ganz schwere Zeit. Und dann kam dieser Satz: ‚Das Geheimnis der Liebe ist größer als das Geheimnis des Todes.' Ich meine, ich kann Ihnen das philosophisch gar nicht erklären, aber ich habe daraus ungemein Kraft gezogen."

Ein Fest am Fastnachtsdienstag in Mainz, 1949. Damenwahl. Marianne Lüttgenau bittet Hanns Dieter zum Tanz, den gänzlich unbekannten Poeten und Traumtänzer, der damals noch am Klavier Chansons zum Besten gibt und gerade sein erstes Solo-Programm fertig stellt, statt sich dem Studium der Literatur- und Theaterwissenschaften zu widmen, dem eigentlichen Grund dafür, dass er von Moers am Niederrhein über Gießen nach Mainz gekommen ist. „Ich bin ja so unmuskulös" heißt sein erster Schlager, mit dem er die Studenten in der Mainzer Mensa erfreut. Ein anderes Lied hat den Refrain: „Ich bin der Mann, der nicht tanzen kann." Pech für Marianne.

„Aber sie ging nicht, sie blieb, und so war es immer, sie ging nicht, sie blieb und wurde meine Frau", schreibt Hüsch in seinen Erinnerungen („Du kommst auch drin vor", Kindler 1990, 212). „Wenn es in der Mensa Sauerkraut mit Würstchen gab, gab sie mir die Würstchen und aß das Sauerkraut, weil sie wusste, dass ich Sauerkraut nicht so gerne aß, und so hatte sie eine Opferstruktur nach der anderen, und wir blieben aneinander hängen, das Mädchen mit den Grübchen und der Jüngling, der auf dem Weg war, ein Poet zu werden" (a.a.O.).

Gemeinsam bauen sie sich eine Existenz auf. In zahlreichen Texten hat Hüsch seinem Publikum Geschichten von „der Frieda“ erzählt; so pflegte er seine Frau zu nennen.

Ein unzertrennliches Paar, das häufig getrennt war, wie Hüsch sich später erinnert:

„Das ging dann so weit, dass ich zu meiner Frau immer sagte: ‚Ja, hättest einen Bäcker heiraten sollen. Dann wär ich ständig zu Hause, dann hättest du allerdings auch morgens um vier aufstehen müssen und um fünf in der Backstube gestanden.‘ Das waren so Auseinandersetzungen, denn dieser Beruf ist schwierig und vogelfrei. Man ist ganz auf den eigenen Einsatz angewiesen. Und wenn ich morgen drei Monate krank werde, dann holt niemand für mich das Geld ab. Und so habe ich also schon eine Menge ackern müssen und war viel unterwegs, manchmal drei, vier oder gar sechs Wochen und kam dann wieder nach Hause, und das ist natürlich für eine Ehe oder für eine Familie nicht gerade das Allerschönste – obwohl ich selbst für Familie bin. Manchmal hab ich mir allerdings schon gedacht: ‚Du hättest eigentlich gar nicht heiraten dürfen‘, aber dann hätte mir etwas gefehlt, und ich bin eigentlich sogar ein Familienfetischist, ich brauche Leute um mich herum, ich brauche Wärme, einen Hafen, ich brauche auch Kinder, vielleicht auch Tiere dazu, alles, was zu einem Haus gehört, und das haben wir ja dann später auch zum großen Teil in Mainz-Bretzenheim gehabt, aber es ist nicht einfach gewesen, das muss ich schon sagen.“

Viele machen Schluss jetzt. So als wärs ein Muss jetzt.
Alle guten Worte sind vergebens.
Wollen alle glücklich sein. Sich von dem Ballast befrein.
So als wärs der Sinn des Lebens.
Karin hat jetzt mit Matthias Schluss gemacht.
Theo hat jetzt mit Carola Schluss gemacht.
Keiner trägt mehr Trauer. Alle sind nur sauer,
dass das Leben nicht so läuft, wie's laufen soll.
Alle haben Gründe. Hertha fährt nach Bünde
und sagt auch, dass Fritz das Haus verkaufen soll.
Martha hat jetzt mit Hans Otto Schluss gemacht.
Werner hat jetzt mit Franziska Schluss gemacht.
Elmi fährt nach Fritzlar. Weil Klaus-Heinz ein Witz war.
Erwin ständig jammert, weil Maria klammert.
Helga fährt nach Krefeld, heißt jetzt Wieser-Seefeld.
Paul fährt in den Schwarzwald, ärgert sich dort schwarz bald.
Helmut spielt den Kühlen, lässt Christine fühlen,
dass er sich von Kopf bis Fuß gewandelt hat.
Mensch, sag ich, das schmeckt mir aber gar nicht gut.
Ihr ward doch ein Herz und Seel' mit Stock und Hut.
Seid Ihr doch durch Dick und Dünn gegangen.
Wollt Ihr nicht noch mal von vorn anfangen?
Neeeeeeeeiiiiin!
Eva hat jetzt mit Karl-Wilhelm Schluss gemacht.
Herbert hat jetzt mit Gertrude Schluss gemacht.
Olga fährt ins Wallis. Wenn das Geld dann all ist,
angelt sie sich neue Schweizer Kröten.
Gottfried fährt nach Gusel, tröstet sich mit Fusel,
aber auch mit Schillern und mit Goethen.

Uschi fährt nach Frankenthal, Hermann liegt im
Krankensaal.
Peter fährt nach Budapest, Katrin macht ein Freudenfest.
Moni fährt ins Bad nach Boll, hat von Franz die Nase voll.
Richard findet alles toll, weiß nur nicht, was er jetzt soll.
Nein, sagt er, wir suchen uns jetzt selber mal.
Thekla fährt zunächst einmal ins Glottertal
Ich zu meinen Eltern nach Holzminden.
Und dann suchen wir, bis wir uns wieder finden ...
Nach der Pause sitzt man wieder eng zusamm'n,
steht vor großen Themen und der Kleinkunst stramm.
Doch Carola denkt an Theo, Olga denkt an Leo,
Martin denkt an Monika, Gottfried an Veronika,
Mancher nimmt ein langes Seil, mancher nimmt
Tabletten, weil:
Nur im Kabarett beginnt der zweite Teil.
(Chanson aus Programm: Und sie bewegt mich doch)

Anfang der 70er-Jahre erkrankt Marianne an Niereninsuffizienz. Ihr Zustand verschlimmert sich. 1973 packt Hanns Dieter Hüsch eines Tages seine Sachen und verlässt seine Frau und die einzige Tochter Anna. Er hat sich verliebt und zieht in die Schweiz.

„Ich bin auch nicht wenig vor der Krankheit der Frieda geflohen", schreibt er in seiner Autobiographie. Und erzählt später:

„Wenn ich heute darüber nachdenke, sage ich mir so oft: ‚Wie konntest du das machen?' Aber das ist ja nun leider zu spät und kann auch nicht mehr gutgemacht werden. Es war wohl das Elend und die Not um mich herum, die ich nicht mehr ausgehalten habe. Ich musste mal weg. Und ich bin dann in die Schweiz gegangen und hab dort sechs Jahre mit einer Schweizer Schauspielerin, der Silvia Jost, zunächst ein Jahr in St.Gallen und dann fünf Jahre in Bern gelebt und gearbeitet. Und ich dachte sicherlich: vielleicht entsteht hier ein neues Zuhause. Das ist aber nicht entstanden. Und mich haben dann die Erinnerungen eingeholt. Mit einer Kraft, die ich nicht für möglich gehalten hätte. Wie die Kraken sind die Erinnerungen hochgekommen und haben mich am Schlafittchen gepackt und haben gesagt: ‚Komm, Jung' ...'"

1979 kehrt Hüsch nach Hause zurück. Hat Marianne ihm die verlorenen Jahre verziehen? Ihn mit offenen Armen empfangen? Darüber erzählt Hüsch nichts in seinen Erinnerungen, und so soll es auch seine Privatsache bleiben, wie überhaupt von dieser persönlichen Krise hier nur berichtet wird, weil Hüsch sie offen preisgegeben und weil sie sein Leben einschneidend verändert hat:

„Ich kann es heute nicht mehr begreifen, aber diese Geschichte gehört zu mir wie meine Füße" (Kindler, 1990, 307).

Doch leg ich mich noch nicht ins Grab,
zieh weiter auf und weiter ab.
Zu hören aus der Menschen Mund
die Schuld und auch den wahren Grund,
für das, was ich versäumet hab.
(aus: Und sie bewegt mich doch, 1984)

Wieder zurück in Mainz beginnt Hüsch allmählich, die Zahl seiner Auftritte zu reduzieren, um mehr Zeit für Marianne zu haben. In einem Interview sagt Hüsch damals: „Und ich weiß heute und will das nie vergessen und will dankbar dafür sein, dass zu meiner Selbstverwirklichung die Pflicht gehört, in ganz positivem Sinn. Und ich weiß, dass es überhaupt das größte Kunstwerk ist, dass zwei Menschen, die sich einmal überhaupt nicht gekannt haben, den Versuch machen, miteinander alt zu werden."

Mariannes Gesundheitszustand verschlechtert sich weiter. 1984 spielt Hüsch sein neues Programm: „Und sie bewegt mich doch":

Wo war ich stehen geblieben?
Wo war ich? fragt schon Peer Gynt.
Und Solveigh antwortet:
In meinem Glauben, Hoffen und Lieben warst du!
Das ist der Witz, meine Damen und Herren.
Nein, wissen Sie, ich muss Ihnen das rasch erzählen:
Wenn man aus allem wieder raus ist.
Und Ehrgeiz und Eitelkeit so relativ im Griff hat.
Und am Ende sogar dem inzwischen organisierten und kommerziellen
Public-relation-Humanismus entkommen ist.
Wenn man also wieder ganz für sich ist
und plötzlich auch das Gefühl hat, nichts mehr zu versäumen,
wenn man nicht überall dabei ist.

Das ist einerseits ungeheuer erfrischend und spannend,
und andererseits entdeckt man etwas,
aber das müssen Sie selbst rausfinden,
das haben Sie sicher schon rausgefunden:
Es geht immer nur um einen Menschen.
Mehr kann man sowieso nicht erreichen.
(aus: Und sie bewegt mich doch)

Im Januar 1985 ist die Frieda todkrank. Der Bayerische Rundfunk zeichnet in diesen Tagen eine Aufführung von „Und sie bewegt mich doch" in der Münchener Lach- und Schießgesellschaft auf, die später auf CD erscheint (Intercord). So tief wie nie zuvor geht Hüsch in diesem Programm den Dingen auf den Grund, seziert die Worthülsen und Erklärungsmuster der Politiker, Weltverbesserer und „Missständebeseitiger" mit literarischer Narretei und kommt im Finale zu einem verblüffend knappen Fazit:

Hagenbuch ist wieder mit seinen Freunden in
Bless-Hohenstein zusammen.
Richard ist wieder mit Thekla zusammen.
Ditz Atrops und Johannes Klein-Heisterkamp
ziehen wieder jeder mit einer weißen Fahne,
– was heißen soll: Nicht töten! Wir sind Freunde! –
zusammen durch die Dörfer, durch die Kneipen
und in die Kirchen hinein.
Monika ist wieder mit Martin zusammen.
Zusammen!
Sagt auch die Frieda zu mir.

Zusammen –
das ist das Glück!
Danke auch Ihnen, meine Freunde, dass Sie heute
Abend hier waren,
alle zusammen!
Zusammen! – Das ist das Glück!
Gott schütze Sie!
(aus Programm: Und sie bewegt mich doch)

Vier Monate später, am 11. Mai, stirbt Marianne. Die Bank im Park, auf der sie beide häufig gemeinsam ausruhten, hat Hanns Dieter Hüsch nie wieder aufgesucht.

Ich sah einen Mann.
Mit seiner Frau.
Beide schon älter.
Die Frau war blind.
Der Mann konnte sehen.
Er fütterte sie.
Das ist es. Gute Nacht.
(aus Programm: Und sie bewegt mich doch)

Hüsch ist allein und hält sich fest an den Zeilen seiner befreundeten Ordensschwestern: „Das Geheimnis der Liebe ist größer als das Geheimnis des Todes."

„Und ich ging dann kurz danach, im Juni 1985, auf den Kirchentag nach Düsseldorf und hab dort eine Predigt gehalten, weil man mich darum gebeten hatte. Und dann saßen auf einmal 22.000 Menschen vor mir, junge Leute, die mich überhaupt gar nicht anfangen ließen, weil sie Beifall klatschten, nicht wahr. Und da hab ich gemerkt: Da ist was im Gange, da ist was!"

„Und ich spürte", schreibt Hüsch im Rückblick, „dass ich noch was machen musste und dass noch ein bisschen Glück für mich in der Luft lag. Und dass die theologischen Momente in meinen Texten ihren Platz gefunden hatten und dass da Jugend vor mir saß und darauf wartete, dass ihnen jemand Mut machte und dass man auch dabei lachen darf und alle an einen Tisch gehören" (Kindler, 1990, 382).

Im April 1986 „wechselt" Hüsch „den Dom", wie er sagt, und zieht von Mainz nach Köln. Nach dem Tod der Frieda haben ihm in Mainz an jeder Straßenecke die Erinnerungen aufgelauert. Einige hundert Meter vom Rhein entfernt, mitten zwischen Kölner Dom und der „dicken Kirche" Groß St. Martin errichtet er sein neues Nomaden-Zelt. Denn er ist ein fahrender Poet geblieben und immer noch selten zu Hause. Das teilt er inzwischen mit Christiane Rasche. Sie nennt ihn „Hüschens" oder den „Prinzen von Bretzenheim", ist charmant und schön und „ein bisschen jünger", aber „nur ein paar Jahrzehnte", er nennt sie „Gräfin von Windegg-Werffen", und als sie ihm Anfang Juli 1985 nach einem Gastspiel in der Kölner „Comedia Colonia" über den Weg lief, ahnte Hüsch noch nicht, dass damit eine Geschichte begann, „von der viele sagten, das geht nicht gut, das kann nicht halten, das ist eine Bettgeschichte, so jung und so alt, das kann nicht gut gehen, und so weiter. Aber ich habe ihr fast zweihundert Briefe geschrieben" (Kindler,

1990, 384). Und sie ist bei ihm geblieben und seine Frau geworden, die rothaarige Dame mit der stets modischen Brille, und stellt ihm – meint Hüsch – die altvertrauten bohrenden und richtigen Fragen:

„Wann kommst du nach Hause? Du musst nicht immer Kunst machen. Du musst auch mal an uns denken und an deine Gesundheit. – Und da entstehen Konflikte. Aber wir haben in unserer Ehe ein dickes unterseeisches Seil, das von hier bis Amerika geht und uns verbindet. Und dieses Seil ist höchstens anzukratzen, aber nicht zu zerstören."

Wenn ich mit Menschen- und mit Engelszungen redete
und hätte der Liebe nicht,
so wäre ich ein tönendes Erz oder eine klingende Schelle.
Und wenn ich weissagen könnte
und wüsste alle Geheimnisse und alle Erkenntnis
und hätte allen Glauben, so dass ich Berge versetzte,
und hätte der Liebe nicht,
so wäre ich nichts.
Und wenn ich alle meine Habe den Armen gäbe
und ließe meinen Leib brennen,
und hätte der Liebe nicht,
so wäre mir's nichts nütze.

Die Liebe ist langmütig und freundlich,
die Liebe eifert nicht, die Liebe treibt nicht Mutwillen,
sie bläht sich nicht auf,
sie verhält sich nicht ungehörig,

sie sucht nicht das Ihre,
sie lässt sich nicht erbittern,
sie rechnet das Böse nicht zu,
sie freut sich nicht an der Ungerechtigkeit,
sie freut sich aber an der Wahrheit;
sie erträgt alles, sie glaubt alles, sie hofft alles,
sie duldet alles.
Die Liebe höret niemals auf,
wo doch das prophetische Reden aufhören wird
und das Zungenreden aufhören wird
und die Erkenntnis aufhören wird.

Denn unser Wissen ist Stückwerk,
und unser prophetisches Reden ist Stückwerk.
Wenn aber kommen wird das Vollkommene,
so wird das Stückwerk aufhören.

Nun aber bleiben Glaube, Hoffnung, Liebe, diese drei.
Aber die Liebe
ist die Größte unter ihnen.
(aus 1. Korinther, Kapitel 13,
übersetzt von Martin Luther)

Das „Hohelied der Liebe“, das der Apostel Paulus aufgeschrieben hat. In seinem Programm „Meine Bibel“ liest Hüsch die Verse genauso eindringlich wie die wenigen Zeilen zu Beginn vom „Geheimnis der Liebe“. Denn dort, wo andere Christen das Glaubensbekenntnis sprechen, zitiert der Kabarettist 1. Korinther 13:

„Dieses berühmte Kapitel", sagt Hüsch, „ist meine Lieblingsstelle in der Bibel. Und manchmal denke ich: Das möchte ich auch so schreiben. Von diesem Text ausgehend bin ich eigentlich zur Kirche zurückgekehrt."

Seit dem Düsseldorfer Kirchentag hat Hüsch den Raum der Kirche als Zuhause entdeckt und seitdem nicht mehr verlassen.

„Weil ich dort einen Platz spürte, wo ich hingehöre und wo ich aufgehoben bin und wo man mich in die Arme nimmt. Das hört sich jetzt sehr pathetisch an, ist ganz weit weg vom Kabarett, und so weiter, aber anhand dieser biblischen Texte, die ich für ‚Meine Bibel' ausgewählt habe und noch einiger Stellen mehr, die ich nicht genommen habe, empfinde ich: Da herrscht wahre Liebe, uneigennützig, ganz ohne Nutzeffekt, kein bisschen utilitaristisch, und zwar Liebe und Freundlichkeit zu jedem. Weit weg von jeder Ideologie, von jeder Meinung, von jeder Ansicht, von jeder Programmatik. Das ist etwas, was für uns Menschen manchmal ganz schwierig zu begreifen ist. Und das hat mich fasziniert und angezogen."

Ich setze auf die Liebe
Das ist das Thema
Den Hass aus der Welt zu entfernen
Bis wir bereit sind zu lernen
Dass Macht Gewalt Rache und Sieg
Nichts anderes bedeuten als ewiger Krieg
Auf Erden und dann auf den Sternen

Ich setze auf die Liebe
Wenn Sturm mich in die Knie zwingt
Und Angst in meinen Schläfen buchstabiert
Ein dunkler Abend mir die Sinne trübt
Ein Freund im anderen Lager singt
Ein junger Mensch den Kopf verliert
Ein alter Mensch den Abschied übt

Ich setze auf die Liebe
Das ist das Thema
Den Hass aus der Welt zu vertreiben
Ihn immer neu zu beschreiben
Die einen sagen es läge am Geld
Die anderen sagen es wäre die Welt
Sie läg in den falschen Händen

Jeder weiß besser woran es liegt
Doch es hat noch niemand den Hass besiegt
Ohne ihn selbst zu beenden
Er kann mir sagen was er will
Er kann mir singen wie er's meint
Und mir erklären was er muss
Und mir begründen wie er's braucht
Ich setze auf die Liebe! Schluss!
(aus: Das Schwere leicht gesagt)

Kapitel 3

Meine Geschichte

Sie brachten auch kleine Kinder zu ihm, dass er sie anrühren sollte.
Da es aber die Jünger sahen, fuhren sie sie an.
Aber Jesus rief sie zu sich und sprach:
Lasset die Kinder zu mir kommen und wehret ihnen nicht,
denn solchen ist das Reich Gottes.
Wahrlich, ich sage euch:
Wer nicht das Reich Gottes annimmt wie ein Kind,
der wird nicht hineinkommen.
(Lukas 18, 15-17)

Dies ist meine Geschichte.
Die Geschichte von den Kindern, die ausziehen und um Frieden bitten.
Um Frieden auf ihre Art.
Denn sie freuen sich, worüber wir uns nicht mehr freuen.
Die Kinder ziehen aus mit Zweigen und Schildern und Bilderbüchern,
Und sie singen ihre Welt in unsere Welt. Und sie singen und sie winken,

Dass sie kein Mensch übersieht, überhört, unterschätzt.
Ihre Welt ist nicht unsere Welt. Und ihr Geld ist nicht unser Geld.
Ihr Spiel ein Kinderspiel. Ihr Mund ein Kindermund.
Ihr Herz ein Kinderherz. Ihr Land ein Kinderland.
Ihr Schmerz ein großer Schmerz. Ihr Sand ein großes Reich.
Ihr Ohr ein großes Tor.
Das ist meine Geschichte.
Die Kinder ziehen aus, damit wir sie besser im Auge behalten,
Wenn sie lachen, wenn sie weinen auf dieser bösen weiten Welt.
Kinder aus Nagasaki, gelb wie Nikotin;
Kinder aus Liverpool, deren Eltern aus Wien;
Kinder aus Winterthur, groß nur wie drei Käse;
Kinder aus Istanbul und danach ein Chinese;
Kinder aus Sao Paulo, auf den Plantagen geboren;
Kinder aus Leningrad, Köpfchen kahl geschoren;
Kinder aus Albuquerque, indianisches Blut;
Kinder aus Halberstadt, deutsches Gedankengut;
Kinder mit nackten Füßen und einer Hand voll Brot,
Singen, winken und grüßen, Kinder in schwarz und in rot.
Eskimos kommen mit Schnee,
Stapfen verspielt herum wie ein Bild von Paul Klee;
Kinder aus Hilversum.
Neben mir spricht man mongolisch.
Kinder aus Nazareth, Augen sehr melancholisch,

Haben kein Dach und kein Bett,
Haben nur Kindergeld.
Bitten, dass man sie hört,
Dass man ihr Bild von der Welt nicht zerstört.
Und ich höre die Kinder vor dem Einschlafen sagen:
Die Wolken
Sind der Fußboden des lieben Gottes.
Das ist meine Geschichte.
(aus Programm: Meine Bibel)

Am 6. Mai 1925 kommt Hanns Dieter Hüsch in Moers am Niederrhein zur Welt.

„Mein Leben verdanke ich meinen Füßen", beginnt seine Autobiographie (Kindler, 1990).

„Denn meine Füße standen bei der Geburt 180 Grad exakt nach hinten und in der Achse 90 Grad nach innen."

Bis zu seinem 14. Lebensjahr werden die verbogenen Füße in zahlreichen schmerzhaften Operationen notdürftig repariert. Die langen Krankenhausaufenthalte und die endlosen Zeiten der Genesung danach machen Hüsch schon als Kind zum „Allein-Unterhalter", zu einem, der sich – eingegipst bis über beide Knie – mit sich selbst beschäftigt:

„Ich konnte mich ja kaum bewegen, und ich habe erst sehr viel später laufen, geschweige denn springen gelernt. Ich hatte viel Zeit, zuzugucken, zu hören und zu träumen. Und es geht mir heute noch so, wenn ich behinderte Menschen sehe: Ich gucke zuerst in ihre Augen, weil ich wissen will: Wie sehen sie aus? Was hat sich da abgespielt? Wie viel

Melancholie ist in dem Gesicht? Das ist natürlich auch meine eigene Geschichte, die damit verbunden ist."

Und so beginnt Hanns Dieter damals schon „von der Gleichheit der Kreaturen zu schwärmen, Respekt vor dem Unvollendeten zu üben" (Kindler, 1990).

„Wahrscheinlich", meint Hüsch im Gespräch, „haben die Füße auch dafür gesorgt, also rein psychohygienisch, dass ich diesen schillernden Beruf als Kabarettist habe, diesen Beruf, mit dem man sich zeigen und demonstrieren kann, ein Schuss Exhibitionismus ist ja bei jedem darstellenden Künstler vorhanden.

Diese Füße sind der Grund, dass ich wehruntauglich geschrieben wurde, also auch dementsprechend nicht in den Krieg musste, wo die Hälfte meiner Abiturklasse 1943 in Russland gefallen ist. Vielleicht säße ich sonst gar nicht hier."

Heute sitzt er im Altarraum der Bonner Namen-Jesu-Kirche, rezitiert sein Programm „Meine Bibel", und kaum einer aus dem Publikum ahnt, dass er mit der „Geschichte von den Kindern" soeben einen der ganz frühen Texte hörte, die Hüsch geschrieben hat.

„Kinderkreuzzug" nannte Hüsch sein Gedicht von 1949 in Anlehnung an die gleichnamige Ballade, die Bertolt Brecht 1941 verfasste. Die Titeladaption hat Thomas Rothschild in einem Hüsch-Porträt von 1980 (Liedermacher, S. 87) sicher zu Recht als „künstlerisches Wagnis" bezeichnet. Hüschs Text „verhält sich zu Brechts berühmtem Gedicht wie eine Bleistiftskizze zu einem großen Gemälde. Aber hat nicht auch die Skizze ihre Berechtigung, wenn das Thema der Kinder, die ausziehen und um Frieden bitten, nach wie vor aktuell ist?“

Für den 24-jährigen Hüsch ist seine eigene Kindheit im Nazi-Deutschland vier Jahre nach Kriegsende brandaktuell. Wie alle seine Freunde treibt ihn die Frage um: Warum konnte das alles geschehen und warum wird es jetzt schon von den meisten totgeschwiegen? Was können wir tun, damit es sich nie wiederholt?

Kritische Autoren wie Brecht, lange verboten und verpönt, sind Seelenverwandte und Seelenbrot für Hüsch. Der „Kinderkreuzzug“ von Brecht erzählt in 45 Strophen die Geschichte einer Gruppe umherziehender polnischer Kinder, die vor dem Krieg fliehen wollten „in ein Land, wo Frieden war“. Schließlich gehen die Kinder dabei zugrunde. Vor diesem erschütternden Schluss beschreibt Brecht seine prophetische Vision weltweiter Fluchtbewegungen von Kindern wie jenen aus Polen:

Wenn ich die Augen schließe, seh ich sie wandern
Von einem zerschossenen Bauerngehöft
Zu einem zerschossenen andern.
Über ihnen, in den Wolken oben
Seh ich andre Züge, neue, große!
Mühsam wandern gegen kalte Winde
Heimatlose, Richtungslose.
Suchend nach dem Land mit Frieden

Ohne Donner, ohne Feuer.
Nicht wie das, aus dem sie kamen.
Und der Zug wird ungeheuer.
Und er scheint mir durch den Dämmer
Bald schon gar nicht mehr derselbe:
Andere Gesichtlein seh ich
Spanische, französische, gelbe!
(aus: B. Brecht, Gedichte 6, Frankfurt/M. 1964, 20-27, hier: 26)

Hüsch hat die eigene Sehnsucht nach Frieden acht Jahre später mit den Bildern und den Augen der Kinder formuliert, die verletzliche Vision einer heilen Kinderwelt, in der Gott noch auf den Wolken wohnt. Ein verträumtes Kontrastbild zur Nachkriegsrealität inmitten zerstörter Städte, vertriebener und entwurzelter Menschen. Ein sentimentales Gedicht? Vielleicht. Ein naives? „Auf jeden Fall!" würde Hüsch heute sagen. Und schrieb schon vor mehr als einem halben Jahrhundert seine Geschichte dazu: Dass die Bilderbücher wichtiger sind als die Börsenberichte, das Spiel bedeutsamer als der Gewinn, dass nur die kindliche Fantasie diese Welt schön macht und nur der kindliche Blick den Glauben ermöglicht, dass es immer noch Gottes Welt ist, in der wir leben, und dass die Hoffnung auf Frieden und Liebe nicht vergeblich ist, aller augenscheinlichen Wirklichkeit zum Trotz.

Am Anfang seines Lebens ist diese Wirklichkeit für Hanns Dieter Hüsch noch wohl behütet. Er wächst auf in der Geburtsstadt des großen evangelischen Mystikers Gerhard Teerstegen, „kleinbürgerliche Verhältnisse", wie man das gemeinhin nennt, protestantisches Elternhaus.

„Ich bin evangelisch, bin getauft worden, und meine Mutter und mein Vater waren beide, mal rein äußerlich gesehen, im Kirchenchor, in der evangelischen Kirche. Und wenn ich als Kind in der Kirche saß und dort oben sagte der Pfarrer einen Vers, über den er an dem Sonntagmorgen sprechen wollte, habe ich davon nichts verstanden. Und ich wusste auch genau: Mindestens 80 Prozent der Leute haben diesen Vers nicht verstanden. Denn die Bibel ist ja auch manchmal sehr abstrakt und sehr schwierig zu begreifen. Stattdessen hätte der Pastor ja vielleicht mal darüber reden können, wie schwer die Menschen es oft haben, und dass sie ein Leben führen, mit dem sie oft gar nicht zurechtkommen. Das ist doch auch eine Aufgabe: Menschen nahezustehen, ihnen zu helfen, Menschen, denen man ansieht, dass sie ihr Leben nur ganz schwer bewältigen können."

Gemacht aus Bauern- und Beamtenschwäche
Kam ich in diese Welt hinein
Mal dunkler Kern, mal reine Oberfläche:
Ich habe Angst und muss doch mutig sein.
Ich habe Angst und muss doch mutig sein.

Es ist so viel zu lernen in unsrer kurzen Zeit
Das Böse zu entfernen
Das Gute einzupflanzen
In Herz und Hirn und Seel'

Im Kleinen wie im Ganzen:
Dass sich die Furcht von dannen stehl.
Dass sich die Furcht von dannen stehl.

Jetzt um mich her die Weißen und die Roten
Mal Friedenslied, mal Folterpein
Die Pastorale und die Todesboten:
Ich habe Angst und muss doch mutig sein.
Ich habe Angst und muss doch mutig sein.

Was kann ich euch schon sagen
In dieser späten Stund
Vom Hoffen und vom Wagen
Ihr seid vom gleichen Baum
Und ich nicht ohne Fehl
So leben wir den Traum
Dass sich die Furcht von dannen stehl.
Dass sich die Furcht von dannen stehl.

So lasst uns denn das Lied zu Ende singen
Zusammen und allein
Von Tag zu Tag den Widerspruch vollbringen:
Wir haben Angst und müssen mutig sein.
Wir haben Angst und müssen mutig sein
(Mein Volkslied, 1977, aus: Den möchte ich sehn)

„Mein Vater war preußischer Beamter, zuletzt Verwaltungsdirektor in so einer kleinen Kreisverwaltung in Moers. Er war kein Preuße im Sinne von Kasernenhof und Drill und übertriebener, drastischer Erziehung, aber er hatte so seine kleinen

Tugenden, wie Pünktlichkeit, vor allen Dingen aber auch Höflichkeit und Bescheidenheit und Freundlichkeit und große Zurückhaltung. Außerdem war mein Vater – von meiner Mutter weiß ich es wirklich nicht – ein gläubiger Christ, vielleicht nicht in der Art, wie ich es heute bin, aber er ging in die Kirche, nicht jeden Sonntag, aber doch jeden zweiten, und da hatte er immer die Qual der Wahl: Es gab ja früher zwei Gottesdienste, einen um acht oder um halb neun und einen um zehn oder um halb elf. Und der eine Pfarrer sprach frei, war aber nicht so gut. Und der andere las ab und war großartig. Und mein Vater sagte immer: ‚Wo soll ich jetzt hingehen?'"

Diese Geschichte habe ihn künstlerisch stark beeinflusst, erzählt Hüsch lachend: „Denn bis heute lese ich alle meine Texte ab, weil ich immer sage: ‚Der Pastor, der abgelesen hat, war großartig, und der frei gesprochen hat, war nicht so gut.' Das hab ich von meinem Vater."

Und dass der Sohn schließlich ein fahrender Sprachmusikant geworden sei, habe er ebenfalls dem Vater zu verdanken, vermutet Hüsch:

„Mein Vater wollte ursprünglich Tenor oder Kapitän werden. Und er hat sehr viel in den Rheinwiesen von Homberg gegenüber von Duisburg-Ruhrort gespielt und dort immer die großen Dampfer gesehen, und gleichzeitig hatte er wohl eine schöne Stimme oder Freude am Gesang; er hat das später auch praktiziert in allen möglichen Kirchenchören, in gemischten Chören, in Knappengesangvereinen. Er ist immer wieder gebeten worden: ‚Hein, da fehlt ein Tenor. Kommst' nicht mit?' Er war ein Aushilfstenor, hätte ich beinah gesagt. Und es war eben die Musik, die ihn ungemein beflügelt hat. Er hatte ein Abonnement für die Tonhalle in Duisburg, er ging in die Oper. Ganz merkwürdig, wie sich das bei diesem sehr schüchternen und etwas schwachen Mann – also ‚schwach' jetzt in einem ganz guten Sinne, ein gutmütiger Mensch war er – wie sich das da so entwickelt hat. Und ich sage immer: Es muss ein bisschen von meinem Vater gekommen sein, dass ich diese musische Seite an mir entdeckt habe. Meine Mutter war ganz anders. Sie wollte immer mit einer Kutsche über Land fahren. Sie wollte in die Natur und mein Vater wollte in die Oper."

Im Winter möchte ich immer mit meiner Mutter
in einem wunderschönen großen Schlitten mit vier Pferden davor
über das verschneite niederrheinische Land fahren,
ganz fest und warm eingepackt in dicken überlangen Mänteln mit einer Kapuze,
und meine Mutter hat einen wunderbaren Muff mit Pelzbesatz
und sieht wieder aus wie eine Zarentochter,
und ich sitze ganz still neben ihr
und gucke, ob am Himmel Sterne sind und ob man noch erkennen kann,
dass am Himmel Plätzchen gebacken werden.
Denn immer, wenn der Himmel sich zwischendrein leicht rosa färbt,
werden dort Plätzchen gebacken, hat meine Mutter immer gesagt,

die schon lange tot ist und mich sicher nicht wieder erkennen würde.
Und darum möchte ich immer so gerne um diese Zeit mit meiner Mutter querfeldein in einem großartigen Schlitten
den Niederrhein entlangfahren,
auf den Heiligen Abend zu, auf die Verwandten zu, die Toten und die Lebenden,
denn um diese Zeit mischt sich bei mir alles,
ich habe Sehnsucht nach meiner Kindheit
und Marzipan und Apfelsinen,
nach den Öfen meiner Jugend, sag ich immer,
nach den geheimnisvollen Geschichten,
dann möchte ich stundenlang bis zum Nordpol über das flache Land fahren
und sitze doch nur in der Küche und guck' zum Fenster raus.

Heiligabend am Niederrhein, das ist sicher wie überall,
aber das geht schon ganz schön an die Nieren,
weil noch mal der ganze Kram zusammenkommt.
Die kleinsten Familien werden plötzlich riesengroß,
und wer sich gestern noch wegen einer Kleinigkeit gekloppt hat,
der ist am Heiligen Abend der versöhnlichste Mensch.
Das ist sicher überall so, aber am Niederrhein sitzt das tiefer,
weil das immer mit dem Ende der Welt zu tun hat.
Ich meine das jetzt nur geographisch,

denn am Niederrhein,
da gibt es Stellen, wo man denkt,
jetzt noch zehn Meter und du fällst „vonne Erd".
Ja sicher, besonders um diese Zeit, wo Christus geboren wird.
Sagen Sie mal, freuen Sie sich auch?
Sie müssen hier nicht antworten, das muss jeder selbst wissen.
Aber ich freue mich.
Aber nicht von Anfang an, da hab ich zuerst gar nichts begriffen,
aber heute würde ich auch mit meiner Mutter und Christus zu dritt
in einem schönen Schlitten den Niederrhein rauf und runter fahren,
überall aussteigen, „Fürchtet euch nicht!" sagen,
wieder einsteigen und dann weiterfahren.
Und ich würd' den kleinen Christus überall zeigen,
und wenn er weinen tät', würd' ich ihn meiner Mutter geben.
Die würde ihn dann schön schaukeln, und dann würde er einschlafen
und nichts von dieser Welt hören und sehen,
denn die ist ja nicht von seiner Welt.
(...)
Ich frage mich, warum machen wir das alles:
Warum übt man vierhändig die alten Weihnachtslieder?
Warum lässt man eine alte Puppe reparieren?
Warum guckt man immer noch durchs Schlüsselloch?

Warum werden im Himmel Plätzchen gebacken?
Damit die kleinen Kinder große Augen machen
Dass ihre Wünsche in Erfüllung gehn
Und wenn sie staunen und verlegen lachen
Dann möchte man am liebsten ganz im Dunklen stehn
Damit die kleinen Kinder große Augen machen
Damit ihr Herz von dieser Welt noch nichts erfährt
Denn wenn sie groß sind, werden viele Sachen
Die sie erträumt, sehr schnell zerstört
Damit die kleinen Mündchen große Dinge sagen
Die Bäckchen sind vor Aufregung ganz heiß
Und wenn sie tausendmal dasselbe fragen:
Woher das Christkind denn das alles weiß
Dann glaubt man wieder an ein Wunder
Und träumt sich selbst ein Stück zurück
Und freut sich wie die kleinen Kinder
Auf diesen großen Augenblick
(aus: Das kleine Weihnachtsbuch)

Hanns Dieter ist acht Jahre alt, als Adolf Hitler 1933 an die Macht kommt. Und die niederrheinische Idylle beginnt, erste Risse zu zeigen. Fünfzig Jahre später erzählt Hüsch im Kabarett noch Geschichten aus jenen Tagen, wie er sie einst mit Kinderaugen gesehen hat. Denn Kindern entgeht nichts.

Ich esse schrecklich gern Eis, schon von Kindesbeinen an;
das ist ja schon sehr lange her, da gab's noch ein Eis für fünf Pfennig,
und diese fünf Pfennig, die hatte man nicht so einfach locker in der Tasche;

da musste ich zweimal in der Woche zu meinem Vater in die Mittagspause gehn, um die fünf Pfennig betteln.
Heute sagt man einfach:
„Ich hol mir 'n Eis, ich hol mir 'n Fernseher, ich hol mir 'n Auto."
Neeein. Ein Eis für zehn Pfennig,
das war ja schon ein Mordsbrocken, den konnte man gar nicht bewältigen,
die Hälfte lief einem doch immer die ganze Zeit den Arm runter.
So ein Eis war doch damals noch eine richtige Sensation, nicht wahr,
wie eine Apfelsine, die Apfelsine war doch eine Geheimnisträgerin,
die gab's doch erst kurz vor Weihnachten im Dezember,
heute schmeißen sie einem die Dinger das ganze Jahr über ins Kreuz nach.
Das Eis war ja damals auch so ein richtiges deutsches Eis.
Die Älteren werden sich erinnern.
Fast wie schwarz, weiß, rot,
denn es gab ja nur drei Sorten: Vanille, Erdbeer, Schokolade.
Also: Schokolade, Vanille, Erdbeer.
Eigentlich fast schon „braun, weiß, rot", hahaha.
Denn so ist es ja dann auch wirklich geworden: braun …
Jedenfalls gab es nur diese drei Sorten. Sonst gab es nichts.

Und das weiß ich noch ganz genau, das muss so '35, '36 gewesen sein,
da schossen auf einmal überall in meinem Heimatort in Moers am Niederrhein
die italienischen Eissalons wie die Pilze aus dem Boden, und die hießen fast alle „Dolomiti".
Also, es war so eine Familienmafia, nicht wahr.
Da gab's dann auf einmal alles mögliche, also Wahnsinn, sag ich Ihnen.
Da gab's Zitrone, Banane, Mokka, Nuss, Himbeer, Stachelbeer,
Kaffee, Melone, Pistazien und und und.
Und der deutsche Bürger stürmte die italienischen Eissalons
und konnte sich nicht sattessen und vor allen Dingen auch nicht sattsehen
an diesen vielen wunderbaren, ganz verschiedenen, hochinteressanten
italienischen Eissorten.
Und sonntags wurden ja in den Familien nachmittags, zwischen vier und fünf zum Kaffee, wahre italienische Eisorgien gefeiert.
Und da hatte der deutsche Bürger auch sehr schnell wieder
eine politische Philosophie zur Hand.
Er sagte damals überall, ich zitiere:
„Das hat alles der Führer gemacht, das mit dem italienischen Eis.
Ja, das hat alles der Führer neulich mit dem Duce, mit

dem Mussolini besprochen.
Das mit dem italienischen Eis.
Das ist die Achse Rom-Berlin.
Die auch hier wieder zum Tragen kommt.
Kraft durch Freude, auch mit italienischem Eis.
Wir danken unserem Führer,
dass er auch in diesen kleinen Alltagsdingen an uns gedacht hat."
Ja, der deutsche Bürger machte sich immer schnell einen Reim darauf,
wenn dem Führer wieder etwas Geniales eingefallen war.
Und als dann wenig später die Juden aus meinem Heimatort verschwanden,
da sagte der deutsche Bürger auch nur so vor sich hin,
so beiseite wie man manchmal beim Theater spricht:
„Die Emmi Leiser, die sieht man jetzt auch gar nicht mehr, nech."
Und dann sagte ein anderer:
„Ja, die sollen jetzt, glaub ich, alle in Holland sein."
Und dann sagte wieder einer:
„Der Führer weiß da gar nichts von.
Wenn der Führer davon wüsste, der würde toben.
Der würde toben, wenn er davon wüsste."
Und damit war die Geschichte erledigt.
„Der Führer wird's schon richten. Er weiß schon, was er tut.
Er hat uns doch auch das italienische Eis gebracht."
(aus Programm: Ein neues Kapitel)

„Wir hatten in unserer Straße einen kleinen jüdischen Jungen. Ein ganz Netter. Mir war das gar nicht so bewusst, ob nun einer Jude oder Arier oder sonst etwas war. Und wir fuhren immer Dreirad zusammen, wir waren noch ganz klein. Und eines Tages kam mein Vater und sagte zu mir: ‚Spiel mal nicht mehr so viel mit dem!' Das war ein typischer Satz von meinem Vater. Ich reagierte gar nicht mit: ‚Wieso, warum?', sondern ich kriegte das nur so mit halbem Ohr mit, und registrierte wohl auch die Stimmung. Und ich bin dann immer so um den Jungen herumgeschlichen, und es war dann so, wie Kinder das manchmal machen, dass sie vielleicht hundert Meter mit ihren Dreirädern auseinander stehen und sich gegenseitig angucken, als wollten sie sagen: ‚Naja, eigentlich würde ich schon ganz gern, aber irgendwas ist da ...' Das ist eine kleine Geschichte, die ich erlebt habe, von der ich aber damals noch gar nicht wusste, was hier nun eigentlich los ist."

Was ist das für ein Phänomen? Oft kaum zu hören,
kaum zu sehn,
ganz früh schon fängt es in uns an. Das ist das
Raffinierte dran.
Als Kind hat man's noch nicht gefühlt, hat noch mit allen
schön gespielt.
Das Dreirad hat man sich geteilt, und niemand hat
deshalb geheult.
Doch dann hieß es von oben her: Mit dem da spielst du
jetzt nicht mehr!
Das möcht ich nicht noch einmal sehn! Was ist das für
ein Phänomen?

„Und sehr viel später hab ich dann als Schüler in der eigenen Familie diese ganz kleinbürgerlichen Animositäten erlebt: Wenn jemand anders ist, wenn jemand anders aussieht, wenn jemand anders isst, wenn jemand sich anders anzieht, wenn jemand anders geht. Alles nach der berühmten Devise: Sie stehen hinter den Gardinen und gucken und tratschen.

Und da hab ich ganz früh eigentlich immer gedacht: Warum denn? Nun lasst doch diesen Menschen. Das ist doch egal. Es ist doch alles so bedeutungslos und auch relativ. Es kommt doch nur drauf an, dass man untereinander freundlich ist und jeden auf seine Weise leben lässt und ihm nicht zu nahe kommt, und umgekehrt natürlich auch. Das war damals noch gar nicht politisch durchdacht von mir, aber ich hab dieses Übereinander-Herfallen einfach nicht verstanden."

Und ist man größer, macht man's auch. Das scheint ein alter Menschenbrauch,
nur weil ein anderer anders spricht und hat ein anderes Gesicht.
Wenn man es noch so harmlos meint, das ist das Anfangsbild vom Feind.
Der passt mir nicht, er liegt mir nicht, ich mag ihn nicht,
ich find ihn schlicht geschmacklos und hat keinen Grips
und außerdem sein bunter Schlips.
Dann setzt sich in Bewegung leis der Hochmut und der Teufelskreis.
Und sagt man was dagegen mal, dann heißt's: Wer ist denn hier normal,

wer ist denn hier normal? Ich oder er? Du oder ich?
Ich find den Typen widerlich.

„Den Deutschen wurde das alles ja auch sehr schmackhaft gemacht, indem man vom ‚dreckigen, verlausten Juden' sprach, indem man uns die ‚dreckigen verlausten Polacken und russischen Gefangenen' in der Zeitung vorführte. Und da hat das deutsche Volk in seinem Reinlichkeitswahn natürlich aufbegehrt, und alle waren sofort ‚Feuer und Flamme', hätte ich jetzt beinah wirklich bösartig gesagt, und dann waren diese ‚dreckigen Verlausten' eben plötzlich alle in Holland ..."

Und wenn du einen Penner siehst, der sich sein Brot vom Dreck aufliest,
dann sagt ein Mann zu seiner Frau: Guck dir den Schmierfink an, die Sau,
verwahrlost bis zum Dorthinaus. Ja, früher warf man die gleich raus.
Und heute muss ich sie ernährn, und unsereins darf sich nicht wehrn,
und auch die Gastarbeiterpest, der letzte Rest vom Menschenrest,
die sollt man alle – das tät gut – Spießrutenlaufen lassen bis aufs Blut.
Das hab'n wir ja schon mal gehört. Das hab'n wir ja schon mal gehört.
Da hat man die gleich streng verhört,
verfolgt, gehetzt und für und für ins Lager reingepfercht,

und hier
hat man sie dann erschlagen all. Die Kinder mal auf jeden Fall,
die hatten keinem was getan. Was ist das für ein Größenwahn.
Das lodert auf im Handumdrehn und ist auf einmal Weltgeschehn,
denn plötzlich steht an jedem Haus: die Türken und Zigeuner raus!
Nur weil kein Mensch derselbe ist und weiß und schwarz und gelbe ist,
wird er verbrannt, ob Frau, ob Mann, das fängt schon von kleinauf an.
Und wenn ihr heute Dreirad fahrt, ihr Sterblichen, noch klein und zart,
es ist doch eure schönste Zeit voll Fantasie und Kindlichkeit.
Lasst keinen kommen, der da sagt, dass ihm dein Spielfreund nicht behagt.
Dann stellt euch vor das Türkenkind, dass ihm kein Leids und Tränen sind.
Dann nehmt euch alle an die Hand und nehmt auch den, der nicht erkannt,
dass früh schon in uns allen brennt
das, was man den Faschismus nennt.
Nur wenn wir eins sind überall,
dann gibt es keinen neuen Fall
von Auschwitz bis nach Buchenwald,
und wer's nicht spürt, der merkt es bald.

Nur wenn wir in uns alle – sehn,
besiegen wir das Phänomen.
Nur wenn wir in uns alle sind,
fliegt keine Asche mehr im Wind.
(„Das Phänomen" aus Programm: Ein neues Kapitel)

Seit Anfang der 90er-Jahre hat Hüsch über längere Zeit hinweg die meisten seiner Programme mit diesem Text abgeschlossen.

Nach dem Brandanschlag in Solingen, dem fünf türkische Frauen und Mädchen zum Opfer fallen, ist der damalige nordrheinwestfälische Ministerpräsident Johannes Rau nah daran, seine politischen Ämter niederzulegen, wie er später erzählt hat. Aus Entsetzen, Verbitterung und Resignation über eine deutsche Gesellschaft, in der solches nach wie vor geschehen kann. Rau ist im Amt geblieben und inzwischen Bundespräsident geworden. Anlässlich einer Preisverleihung an Hüsch würdigt Rau seinen Freund und Vertrauten unter anderem so:

„Er hat sich selbst früher oft als philosophischen Clown und in jüngster Zeit untertreibend als literarischen Entertainer bezeichnet. Und zwar ein Kabarettist von großer poetischer Provenienz. Mit sprachlicher Prägnanz, mit zielgerichteter politischer Aussage wendet er sich gegen kleinbürgerliches Spießertum, gegen rechte Entwicklungen und gegen Kriegsgewalt. In seiner Arbeit spiegelt sich sein niederrheinisches Unbehagen, ich zitiere, ‚an Männern, die Geschichte machen'."

Dass der „Geschichte-machende“ Politiker Rau und der Kabarettist Hüsch Freunde werden konnten, sagt viel über beide; für Hüsch bedeutet es, dass er sich weniger für das Amt, als für den Menschen interessiert hat. So war es immer. Und darum hat Hüsch bei der neu entflammten rechtsradikalen Gewalt in West und Ost nicht die Reaktionen der Politiker thematisiert, sondern die Ängste seiner Mitmenschen aufgespürt.

Wir meinen ja oft, ganz neue Ufer erreicht zu haben,
wir sind aufgeklärt, wir sind informiert, wir kennen die Zusammenhänge,
die Kinder beherrschen schon die Computer.
Dennoch laufen wir unaufhaltsam dem Mittelalter zu,
wir sind unfreundlich, gucken finster drein, sind nervös und empfindlich,
weil wir stecken voller Angst,
alles ist so anders geworden, hört man allenthalben sagen,
viele verstehen die Welt nicht mehr.
Nicht dass wir auf halber Strecke mit unseren Bemühungen stehen geblieben seien,
die Hände in den Schoß gelegt und uns auf unserem Lorbeerblatt ausgeruht,
dass wir unsere Träume verraten oder gar, dass wir ganz aufgehört hätten,
an eine neue und bessere Weltgeschichte zu glauben.
Das kann man uns nicht vorwerfen.
Nein, es ist einfach die Angst,

die Angst, ohne Wehr und Waffen gegen Ende des
20. Jahrhunderts
einer Soldateska ohne Uniform ausgeliefert zu sein,
die über völlig unschuldige Menschen herfällt,
mit großen Worten auftritt, die Gewalt verherrlicht
und von vielen noch Beifall bekommt, die unzufrieden
und enttäuscht sind.
Wir haben Angst, unversehens ins Getümmel zu geraten,
in Schlägereien auf der Straße, auf Plätzen, in
Gasthäusern, in Bahnhöfen,
wir, mit unserem Glauben an den Frieden,
mit unserer Vorliebe für die Sanftmütigen,
mit unserer Freude an der Höflichkeit und an der
Heiterkeit,
wir, die wir glauben, alle Bitterkeit des Lebens längst
überwunden zu haben,
geraten ins Straucheln, gehen allem Lauten schnell aus
dem Weg,
stutzen schon bei lärmenden Skateboardfahrern
und machen einen Riesenumweg um jede Ansammlung
von Menschen,
auch wenn es nur harmlose Stadtstreicher sind,
die sich freundlich mit ihren Hunden unterhalten.
Wir haben Angst vor der Gewalt, die sich ohne
Erklärung entlädt,
die auch gar nicht groß nach Recht und Unrecht fragt,
sondern einfach drauflos schlägt, Feuer legt, Menschen
verstümmelt,
im Namen Deutschlands,

als wär das Ganze
ein Hakenkreuzzug
für eine gute Sache.
(aus Programm: Ein neues Kapitel)

Was ist das für ein Phänomen? Woher kommt das Gespür für die Gemütslage der Menschen, woher hat Hüsch seinen siebten Sinn für die präzise Beschreibung von Empfindungen, das absolute Gehör für die Tonhöhe unserer Stimmungslagen?

Ich war in Venedig und habe die Sphinx gesehen.
Aber Gastwirte, Bauern, Fuhrleute, Tagelöhner,
preußische Sekretäre
und meine Oma, die mit dem schwarzen Kopftuch,
haben mir mein Gemüt erleuchtet
und meinen Weg in die Städte tröstend erhellt.
Und sind schuld,
schuld an meiner Unfähigkeit,
Lebewesen zu hassen.
(aus Programm: Und sie bewegt mich doch)

Immanuel Kant, der große Philosoph des kategorischen Imperativs, soll Königsberg nie verlassen haben und hat sich doch äußerst wirksam bemüht, die Welt zu interpretieren. Hanns Dieter Hüsch, das verträumte Kind mit den krummen Füßen, hatte viel Zeit, den menschlichen Mikrokosmos in Moers und Umgebung in sich aufzusaugen und hat ihn bis heute genutzt, um die Welt auf seine Art zu deuten:

„Der Niederrheiner weiß nix, kann aber alles erklären.“

Alles was ich bin
ist niederrheinisch.
All mein Fühlen und Denken
Reden und Singen
ist niederrheinisch
Meine Musik ist niederrheinisch
Der Niederrhein ist meine Musik
All meine Religiosität
ist niederrheinisch
Aber wenn du mich fragst Warum
könnt ich als schwarzweiße Kuh
auf den Feldern um Kerken liegen
und die Aussage verweigern
(aus: Hanns Dieter Hüsch hat jetzt zugegeben, 1985, 22)

Das hätte er tun können. Stattdessen aber erzählt Hüsch seit Mitte der 60er-Jahre ohn' Unterlass von den Menschen, die seine Kindheit bevölkerten und bereicherten. Die so genannten „kleinen Leute“ vom Niederrhein haben ihm Stoff für zahlreiche Parodien und ironische Milieustudien über kleinbürgerliche Engstirnigkeit geliefert. Dieselben kleinen Leute haben mit ihrer Herzenswärme zu seiner eigenen Herzensbildung beigetragen. Wie beides in seinem Kabarett zusammenfließt, habe die „Stuttgarter Zeitung“ einmal treffend auf den Punkt gebracht, meint der literarische Kleinkünstler und zitiert:

„‚Hüsch liebt die Menschen, die er verspottet.‘ Der Satz ist so simpel, aber die ganze Wahrheit.“

„Ich frage mich oft“, schreibt er in seinen Erinnerungen, „warum sich all diese Menschen so sehr in mein Herz eingegraben haben, warum ich sie immer noch um mich habe, wie gestern. Ich weiß darauf keine Antwort. Vielleicht ist es die Güte, die sie mir zuteil werden ließen, und das ofenwarme Gemüt, das sie wie ein Netz täglich über mich warfen.“

Mein Onkel Heinrich, zum Beispiel, mein Lieblingsonkel,
haben Sie ihn gekannt? Naja, es könnte ja möglich sein,
weil Sie so freundlich lachen, nicht wahr,
ein Schneider von Gottes Gnaden,
und zugleich ein Musiker von Kindesbeinen an,
der ja später im Sarg verwechselt wurde,
war ein Lehrer durch und durch,
saß auf seinem Schneidersitz
die durchgegangene Brasilzigarre im Mundwinkel
und nähte, als müsse er dem lieben Gott
bis zum Monatsende einen neuen Anzug fertig machen.
Und dabei las er mir Gedichte von Claudius vor
und warf mir am Ende das Buch zu und sagte:
Lern das mal auswendig.
(aus Programm: Wir sehen uns wieder, 1999)

Wenn ich unterwegs bin, denke ich sehr oft an meinen
Onkel,
der im Sarg verwechselt wurde.

Und die ganze Kleinstadt hat ihn natürlich gekannt.
Er trug nämlich immer so einen großen Künstlerhut,
so einen flachen, schwarzen Hut mit so breitem Rand,
Kalabreser, nennt man die Dinger, glaub ich,
und hielt Straßenbahnen an.
Das hab ich wirklich x-mal gesehen.
Die Straßenbahn fuhr vor dem Haus vorbei,
und wenn er keine Zeit hatte, um an die Endhaltestelle zu kommen,
dann stellte er sich auf die Schienen und hielt die Arme hoch.
Und dann hielt der Fahrer.
Was blieb ihm anderes übrig.
Macht die Tür auf, mein Onkel stieg dann vorne ein,
stellte sich neben den Fahrer,
und dann fuhr die Straßenbahn weiter nach Uerdingen.
(aus: 40 Jahre unterwegs, 1989)

Mein Onkel war ja auch Philosoph
Und Pflanzenbeschreiber und Fachmann
Für feinste englische Stoffe
Las Krimis und Abenteuerromane Wallace und Löhndorff
An Himmelfahrt machten wir eine Fahrradtour
Und träumten höchst polyphon
Von Himbeersaft Löwenzahn Kartoffelsalat
Matthias Claudius
Ave Maria
Shakespeare aus Thermosflaschen und Henkelmann
Über giftgrüne Wiesen immer einem unsichtbaren

Gesang auf der Spur
Endlose Trauermärsche in Dur
Mitten im Krieg
An einem Samstag begraben
Die Behörden hatten ausnahmsweise erlaubt
Dass der Zug mit Pferd Wagen und Sarg
Durch die Stadt ziehen durfte
Mit Reden Musik und Gesang und Grab
Für einen der nichts erreicht hatte
Nicht mal sich selbst
Sonntags jedoch ging es schon rund
Ihr Onkel liegt leider noch in der Kapelle
Wir haben gestern den Falschen begraben
Morgens in aller Herrgottsfrüh ausgetauscht
Und umgebettet
Ich war nicht dabei
Und manchmal mein ich
Er liegt gar nicht da
Sondern fährt über Land
Singend und voller Schadenfreude
Bringt vielleicht der Baronin ein Ständchen von Schubert
Und beobachtet mich
Wie ich mein Leben vergeude
(aus: Das schwarze Schaf vom Niederrhein, 1976)

„Der Wunsch meiner Mutter war es, dass ich Arzt werde: lange Gänge, lange Kittel, Hände in den Kitteltaschen, Visite, hinter mir ein Rattenschwanz von Assistenzärzten, also diese Ufa-gestylten Bilder, die man von den Filmen damals kannte. Ich habe ihr diesen Wunsch leider nicht erfüllen können. Nach einem Semester Medizin in Gießen musste ich feststellen, dass ich in Naturwissenschaften nicht besonders gut war."

Zu der Zeit, 1944, ist noch Krieg. Hüsch hat soeben mit Ach und Krach sein Abitur am Moerser humanistischen Gymnasium geschafft, er hat in Hinterzimmern mit Freunden verbotene Dichter gelesen und erste eigene Texte und Kunststückchen ausgetauscht. Ein verträumter Bohemien in Nazi-Deutschland. Die Kommilitonen in Gießen reagieren ungehalten. Alles weitere notiert Hüsch einige Jahrzehnte später stichwortartig in seinem Text „das Psychogramm":

Von SS-Studenten wegen zu langer Haare
Aus dem Hörsaal entfernt
Anatomie Professor Wagenseil
Dann Kriegsende abgewartet
Warten auf so genannte Toleranz so genannten
Antifaschismus
So genannten Pazifismus so genannten Sozialismus
Dann
Studium in Mainz
Theaterwissenschaften Literatur und Musik
Da keine wissenschaftliche Natur
Sondern eine lyrische
Bald die ersten Chansons Gedichte und Geschichten
Ehe mit „Frieda"

Eine Tochter
Inzwischen 7 Katzen
Und immer wieder Expeditionen
Auf den höchsten Berg
Oder ins tiefste Innere

In Gedanken ist der Student Hüsch schon 1946 während der Vorlesungen in der Mainzer Uni längst beim Kabarett. „Der B(r)ettl-Student" heißt sein erstes Programm mit Kommilitonen im Jahr 1948. Sie nennen sich „die Tolleranten", inspiriert vom Düsseldorfer „Kom(m)ödchen". Die „kleine Literaten, Maler- und Schauspielerbühne", von Kai und Lore Lorentz 1947 gegründet, wird zum prägenden Vorbild. Bald spielt Hüsch auch sein erstes Solo-Programm „Das literarische Klavier". Seitdem hat er genau das getan, worüber er sich immer lustig machte: Er hat Geschichte geschrieben, mehr als ein halbes Jahrhundert deutscher Kabaretthistorie. Die Abende auf Norderney vor elf Besuchern im 500-Mann-Saal, die Auftritte „vor Kurgästen mit dem Heilwasserglas in der zitternden Hand", die Arbeiten für Hörfunk, Fernsehen und Theater und die unter Wissenschaftlern heiß diskutierte und von der Quellenlage her höchst umstrittene Frage nach der genauen Anzahl seiner weit über 50 Programme, all das ist eine andere Geschichte und schon von anderen erzählt worden. Wir bleiben besser bei unserem Thema: den „Bekenntnissen eines Kabarettisten", bei seinen „Expeditionen ins tiefste Innere":

Ich habe alles, was ich brauche.
Durch meine Hände fließen alle Meere der Welt.
In meinen Füßen schlummern die Gletscher.
In meinen Augen leben die Tiere.
In meinen Ohren treffen sich alle Geheimnisse der Musik,
Bis sie explodieren.
Möglich, dass meine Musik, wie ich ja schon mehrfach öffentlich erklärt habe,
in einigen Erdteilen nicht zugelassen, geschweige denn anerkannt wird,
aber ich werde sie spielen für Johann Sebastian den XXIII., für Arthur Rimbaud, für Hagenbuch, Ditz Atrops, für die Frieda, für Peer Gynt,
ich werde meine Wiederholungen so lange wiederholen, meine Ostinati, Orgelpunkte und sonstigen Liegetöne so lange aushalten,
bis meine Mutter vom Himmel mit dem Handfeger kommt.
So lange werde ich standhalten,
und zwar gegen die Geschichte, und für das Erbarmen.
(aus Programm: Und sie bewegt mich doch, 1984)

Aus der Geschichte des Hanns Dieter Hüsch interessiert mich besonders jenes Kapitel, das in den vielseitigen Porträts des großen Kleinkünstlers meist zu kurz kommt: Der Werdegang des Christenmenschen. Darauf angesprochen plaudert Hüsch, ganz Höflichkeitsmensch, zunächst bereitwillig von seiner typisch protestantischen Karriere:

„Ich kann das ja jetzt noch mal ein bisschen aufarbeiten: Ich war im Katechumenen-Unterricht. Genau wie man aufs Gymnasium geht, geht man auch da hin, wird mit seinen Freunden konfirmiert, kriegt einen dunkelblauen Anzug an, kriegt eine Armbanduhr, und dann wird eine Konfirmationsfeier abgehalten, in einem großen Wohnzimmer, das größte, das gerade in der Familie vorhanden ist – aber ich weiß doch nichts von Jesus Christus, und ich weiß nichts von der Bibel.

Nach der Konfirmation geht man dann jahrelang nicht mehr in die Kirche. Dann entdeckt man Friedrich Nietzsche, und dann wird man ein glühender Nietzsche-Anhänger, dann gibt es keine Götter mehr. Natürlich alles falsch verstandener Protest und Aufbegehren. Und dann verschwindet das allmählich wieder. Und dann wird man Kabarettist, und dann hat man auch da wieder humanistische Tendenzen und Antifaschismus, Antimilitarismus nach dem Krieg."

Er hält kurz inne und setzt dann zu einem seiner berüchtigten Gedankensprünge an:

„Und auf einmal, das muss jetzt so fünfundwanzig Jahre her sein, beschlich mich dieses Gefühl: Ich stehe in der zweiten Reihe. Da ist noch jemand, der es besser kann oder besser weiß vor allen Dingen auch, und der mehr weiß und es vielleicht alles ganz anders weiß. Und seitdem glaube ich, dass ich begonnen habe, demütig zu werden."

Es besser zu wissen als die Menschen in seinem Publikum, beansprucht Hüsch nicht. Als Volkstribun ist er gelegentlich aufgetreten, als Volksmissionar noch nie.

„Ich halte mich da immer ganz zurück. Ich bin völlig unmissionarisch, absolut, auch im Kabarett, ich möchte kein Pädagoge sein, ich will niemanden erziehen. Ich will nur, dass ich die Leute irgendwo bewege oder anrühre."

Vielleicht ist es gerade diese vornehme Zurückhaltung zwischen den Zeilen, mit der Hüsch seine christliche Zuversicht häufig formuliert, die seine Zuhörer neugierig darauf macht und die Talkmaster wie Alfred Biolek oder Bettina Böttinger animiert, mehr darüber erfahren zu wollen. Vielleicht ist es auch die Kraft dieser Zuversicht, die seine Gastspiele im Herbst 1999 wie jenes im „Senftöpfchen" für seine Zuschauer zu einer unvergesslichen Erfahrung machen.

„Zur Zeit sind die Leute ungemein emotional bei dem Programm dabei. Und alle sehen am Ende so aus, als würden Sie sagen wollen: ‚Das habe ich ja selten erlebt, was da abläuft.' Und das Geheimnis davon behalte ich natürlich für mich, denn ich weiß es selbst nicht, aber es hängt bestimmt damit zusammen, dass ich für mich so eine kleine Geheimkammer habe, von der ich auch nicht lasse, und, – jo, nun woll'n ma' gucken, wie lang es noch geht."

Jeder Mensch hat seine Geschichte,
Du die Deine, ich die meine,
wir die unsre, Ihr die Eure,
mal die arme, mal die teure,
tragische und lustige,
leichte, schwere, böse, gute,

gerechte, dass das Herz nicht blute,
hohe, tiefe, Sein und Sinn,
bei denen ich oft traurig bin,
fröhliche und komische,
denen wir so gerne lauschen,
kommt drum in den Senftopf jetzt,
dass wir die Geschichten tauschen,
dass sich keiner dran verletzt,
Du an meiner, ich an Deiner,
Ihr an unsrer, wir an Eurer,
bis wir dann das Ziel erreichen
und wir sehen, dass sich
unsere Geschichten gleichen.
(aus Programm: Wir sehen uns wieder, 1999)

Kapitel 4

Die Masken sind gefallen

Es ist dem Menschen beigegeben
Ein kleines Stück von einem großen Leben
Das sich vollzieht ohn' Unterschied
Ob Bettler oder hohes Tier
Von einer Hand voll Erde sind wir alle hier
Bis Gras wächst über dieses Lied

Wollt darum freundlich sein
Und euch mit Heiterkeit versehen
Es hat der Mensch zu kommen und zu gehen
Dieses ist ausgemacht von Anfang an
Mit Hochmut ist nicht viel getan

Es ist dem Menschen aufgegeben
Mit Güte Gutes zu erstreben
Ohn' Unterlass. Auch soll er das,
Was nötig ist zum Leben, mit allen teilen
Und aller Kreatur zu Hilfe eilen
Bis Blumen wachsen aus dem Gras

Wollt darum gnädig sein
Und nicht mit Hohn verachten

Die nichts auf dieser Welt zustande brachten
Wenn es bestimmt, dass wir gen Himmel reisen
Dann ist mit Reichtum nichts mehr zu beweisen

Es wird dem Menschen nachgegeben
Wenn er bereut und ändert sein bisherig' Leben
Der Tanz ist tot
Der Mensch kehrt heim
Zu Tisch und Brot
Der Rausch verfliegt, die Demut siegt
Die Masken sind gefallen
Doch größer wär des Menschen Not
Wär nicht ein Gott
Der milde mit uns allen
(aus: Meine Bibel)

In der Kirche höre ich den Text zum ersten Mal. Eingebettet in Orgelimprovisationen und Bibel-Rezitationen wirken die choralartigen Verse wie eine poetische Predigt. Wie grundlegend die Gedanken für Hüsch sind, wie lange sie ihn schon begleiten, dass die Verse ihm zu einer Zeit aus der Feder flossen, als er mit der Kirche nur sehr wenig zu tun hatte und dass dieses ernste, bis heute für ihn gültige Bekenntnis eine Auftragsarbeit war, alles das erfahre ich erst im Nachhinein:

„Der Südwestfunk in Mainz hat mich mal vor Jahren gebeten, am Aschermittwoch doch eine Laienpredigt zu halten, eine Aschermittwochspredigt. Und das ist ja auch kein Zufall, dass damals schon, im Jahr 1956, die Kollegen vom Landesstudio in Mainz gerade auf mich zukamen, wahrscheinlich mit dem Gefühl: ‚Der kann das: Predigen.' Dafür ist dieser Text entstanden, ein sehr schöner Text. Ich bin sehr stolz darauf."

Karneval und Aschermittwoch. Für einen gebürtigen Norddeutschen wie mich sind diese Festtage und ihre Faszination immer noch ein offenes Geheimnis, und das, obwohl ich schon mehr als zehn Jahre in Köln und Umgebung lebe. Das Ganze klingt mir zu sehr nach „Witzigkeit auf Knopfdruck". Wenn der biedere Finanzbeamte, mit dem ansonsten nicht zu spaßen ist, einmal im Jahr die Pappnase aufsetzt und über Nacht zum „lustigen Jecken" mutiert, um sich am Aschermittwoch mit schwerer Katerstimmung in irgendeiner verrauchten Eckkneipe wieder zu finden, dann bin ich doch immer wieder froh, die „tollen Tage" möglichst weit weg verbracht zu haben. Vergebung, verehrtes „Dreigestirn", aber in Sachen Karneval gelten wir Kinder von der Waterkant eben doch als schwer erziehbar.

Der puritanisch erzogene Protestant Hüsch vom Niederrhein hingegen kann sich sehr wohl für das närrische Spektakel begeistern. In seiner Wahlheimat Mainz genießt er dabei vor allem die ausgelassene Lust am Feiern. Doch erst der Aschermittwoch, an dem bekanntlich „alles vorbei" ist, verschafft Hüsch seinen ersten Auftritt als Prediger: „Der Tanz ist tot, der Rausch verfliegt, die Masken sind gefallen."

Dabei ist der Kabarettist kein Spielverderber, sondern ganz Küchen-philosophischer Dialektiker. Er freut sich am Karneval vom Aschermittwoch her:

„Ich wollte die Heiterkeit, die aus dem tiefen Wissen kommt, dass alles vergänglich ist und dass wir alle auf der Durchreise sind, dass uns das aber nicht daran hindern soll, herzlich zu lachen, ausgelassen zu sein, zu tanzen und zu springen und allen Lüsten und Genüssen zugetan zu sein" (Kindler, 1990, 251).

Nachfeier

Onkel Eberhard hat doch noch sechs paar Schuhe
Und noch vier Anzüge
Und bei dem Gehalt bei der Pension
damit kann Milli doch wohl auskommen
Der Pfarrer ist auch da
Wir singen nun liebe Freunde Lied 57 Vers 1 und 4
Wer spielt denn das Harmonium oder was das ist
Erwin hat doch auch so eins ach was Erwin hat doch ein Spinett
Von ihrer Seite sind ja viel mehr da
Man muss auch mal wegen der Möbel fragen
aber doch nicht jetzt
Die andern fragen ja auch
Nachher ist wieder alles weg
Wenns nach dir geht kriegen wir überhaupt nichts
vor'gesmal auch
Onkel Eberhard hat auch noch den alten schweren Eichentisch
und den ganz neuen Ölofen fällt mir grade ein

Dann spricht der Pfarrer
Ich darf vielleicht liebe Freunde daran erinnern
dass wir gerade in diesen Tagen mit einer Kollekte
für den neuen Kindergarten begonnen haben
Und Onkel Eberhard hat noch zwei neue Hüte
Tante Milli hat sie mir schon im vergangenen Jahr
versprochen
fest versprochen in die Hand
Die Kränze waren ja nicht doll oder
Also ich hab schon schönere gesehn
Also gefroren hab ich in der Kapelle also sowas von
gefroren sag ich dir
Wer ist denn die da drüben mit dem Knoten
Das muss von ihrer Seite sein ich kenn die Leute ja gar
nicht
Ich hab mir noch das Kleid extra ändern lassen
Das war der Rektor der so schön geschrieben hat
acht Seiten ein feiner Mann und gar nicht eingebildet
soll man gar nicht sagen so ein feiner Mann
Nu geh doch mal zu Tante Milli die sitzt ja ganz allein da
Der Pfarrer ist doch dabei
Was wird der schon sagen
Also ich kann da auch nichts sagen
Kannst ja nur mal hingehn das gehört sich doch wohl so
Also die hat sich vielleicht vorgedrängelt als wenn se
selbst im Sarg gelegen hätt
Wir singen nun liebe Freunde Lied 57 Vers 2 und 5
Komm sing
Ich kann doch nicht singen

Hier Noten einfach rauf und runter
Was macht eigentlich Gerda
(aus: Das schwarze Schaf vom Niederrhein)

Jeden Samstagnachmittag wird Hüsch als Kind mit auf den Friedhof genommen, um die Gräber von Verwandten und Bekannten zu pflegen. Der Friedhof ist selbstverständlicher Bestandteil des alltäglichen Lebens.

„Sterben kann man zwar nicht üben, aber Beerdigungen schon", notiert Hüsch dazu. Grenzerfahrungen von Leid, Krankheit und Tod erinnert der Kabarettist als stetig wiederkehrende Themen in den niederrheinischen Familiengesprächen, die er bereits als Kind intensiv verfolgt hat:

„Von der Küche ins Krankenhaus, vom Krankenhaus auf den Kirchhof. Das sind die drei großen Ks des Niederrheiners, und von diesen Plätzen erzählt er auch immer sein Leben lang. Die Welt interessiert ihn nicht besonders" (Kindler, 1990, 88).

Wenn ja der Lungenspitzenkatarrh nicht noch dazugekommen wäre
Ich hab ja schon im vergangenen Jahr hab ich schon gesagt
Eberhard hab ich gesagt da hab ich Zeugen für
Eberhard geh nach Oeynhausen
Die Ärzte habens ja alle gewusst ja die habens ja alle gewusst
Ich hab doch noch vor drei Wochen mit dem Internisten gesprochen

Also Oma hat sich ja nicht verändert wie sie dasitzt
wie ein junges Mädchen 93 Jahre muss man sich mal vorstellen
da kann sich mancher von uns noch ne Scheibe von abschneiden
Und der Internist das ist ja jetzt der junge Dr. Brüggemann
Der alte ist ja auch neulich gestorben
Also der hat zu mir gesagt mein lieber Herr Rodenbach
also mit Ihrem Schwager
Da wusst ich schon Bescheid wie der mich angeguckt hat wusst ich schon Bescheid
sagen tun die ja nix
Da hab ich noch gleich zu Hilde gesagt also mit dem Eberhard
Da sagt Hilde noch mach doch keinen Blödsinn
sagt Hilde noch so
Jaaa man steckt ja nicht drin
Zu Erde sollst du werden sag ich ja immer
Onkel Eberhard hat ja auch noch das schwarze Klavier da stehn …
(aus: Das schwarze Schaf vom Niederrhein)

1935 ist Hanns Dieter Hüsch ein gerade mal zehnjähriger Knirps. Er sieht mit an, wie seine Mutter langsam und qualvoll an Multipler Sklerose stirbt. Sie ist 41 Jahre alt.

„Und ich wusste noch nicht genau, was es war, aber damals begann meine Vergänglichkeitsphilosophie in mir Fuß zu fassen“, schreibt Hüsch im Rückblick.

Mehrere Jahre später, während des Zweiten Weltkrieges, erlebt er als Hilfskraft im Moerser Hospital einen Bombenangriff. Gemeinsam mit schwer kranken und frisch operierten Patienten im dunklen Bunker-Keller steht er Todesängste durch:

„Es war die Finsternis, von der in der Bibel so viel steht, und ich spürte, dass die Geschichte ein blutiger Witz ist, in dem ich nur ganz vorübergehend vorkomme."

Wenn man bedenkt, dass das Ganze nichts auf sich hat.
Jeder vollzieht seine Endlichkeit in einer anderen Stadt,
sucht sich Erfüllung für sein weltliches Defizit.
Einzig Musik hält mit der Trauer Schritt.
(aus Programm: Und sie bewegt mich doch)

„Also, neulich hab ich mal so für mich gedacht ..."

Ich schrecke förmlich hoch aus einem ganz anderen Gedanken, den Hüsch gerade noch verfolgt hat. Doch wie so oft in unseren Gesprächen wechselt „das Assoziations-Embryo", wie er sich selber gelegentlich nennt, abrupt das Thema, spricht plötzlich ganz leise, sucht vorsichtig nach Worten, um mir dann in einem Satz den wiederkehrenden Refrain seines gesamten künstlerischen Werkes zu beschreiben:

„... was ich eigentlich so mache oder was ich eigentlich am Ende gemacht haben könnte, wäre, glaube ich, nichts anderes als der lebenslängliche Versuch, auf ganz unterhaltsame Weise dem Menschen behutsam klarzumachen, dass er sterben muss."

Wie unterhaltsam ist der Tod? Und wollen wir ausgerechnet im Kabarett über unsere Endlichkeit aufgeklärt werden? Die kritischen Rückfragen sind Hüsch durchaus bewusst, ohne dass er sich jemals groß darum geschert hätte. Er liebt diese Momente, von denen er weiß: „Die gehören alle gar nicht ins Kabarett, und das spürt der Zuschauer, und es ist ihm nicht geheuer."

„Was bleibt mir übrig?" hat Hüschs Kleinkunst-Kollege von der politischen Fraktion, Dieter Hildebrandt, seine Lebenserinnerungen mit Hintersinn genannt. Was bleibt von uns übrig, fragt Hüsch seine Zuschauer durch die Blume seiner literarischen Clownerien und erzählt mir dazu:

„Man sagt ja immer: ‚Meine Damen und Herren, liebe Freunde', ich würde gern zur Begrüßung sagen: ‚Meine lieben Sterblichen!', nicht wahr. Das muss gar nicht traurig sein, das muss auch nicht bitter sein, und gar nicht aggressiv, um Gottes willen! Aber es muss doch dahin führen, dass man sagt: ‚Soll'n wir uns mal wieder klar darüber werden, dass wir alle, wie wir hier sitzen, fünfhundertfünfzig Leute, eines Tages alt sind, älter werden, schwächer werden, kleiner werden und dann nicht mehr da sind.' Das sollten wir wissen, und das sollte uns vielleicht auch freundlich und sogar heiter stimmen."

Da
Nun ists passiert pass doch auf Menschenskind
de ganze Kaffee über mein Kleid war doch Zucker drin
dat geht doch nicht raus also soowas
Kumma wie dat jetzt aussieht also furchtbar
man kann dich wirklich nirgendwo mit hinnehmen
Kumma hier wie dat jetzt aussieht hätte ich mir ja denken können
wo ich mich so gefreut hab kommt man einmal im Jahr zusammen also wirklich
wo ich mich so gefreut hab nächst Mal geh ich allein
Man kann sich doch wohl einmal zusammenreißen
die andern machen et ja auch nich
man meint ja fast du tus sowat mit Absicht
bis ja schließlich kein Kind mehr also da kann ich mich kriminal drüber ärgern vorges Mal auch
da brauchse gar nich so zu gucken
Also wenn ich das gewusst hätt hätt ich mir ja denken können
die ganze Beerdigung wieder im Eimer
Ja es tut mir Leid es tut mir Leid
da kann ich mir nix für kaufen für es tut mir Leid
Kumma wie dat jetzt aussieht dat schöne Kleid
also furchtbar
Tus ja grad so als wenn et bei uns zu Haus kein Kaffee gäb
hass doch schon vier Tassen getrunken
kanns immer de Hals nich voll genug kriegen
dat sind wir von zuhaus aus nicht gewöhnt

da kann man reden un reden un reden
Muss doch nicht immer erst einer sterben bis du dich zusammenreißt
kann man ja en Wecker nach stellen
(aus: Das schwarze Schaf vom Niederrhein)

„Was auf dieser Welt passiert, ist eigentlich Schnickschnack. Da werd ich auch böse zum Teil, wenn ich über diesen weltlichen Schnickschnack nachdenke. Und das betrifft fast alles. Nicht nur Firlefanz und Flitter und Tanz, sondern auch die andere Seite, das so genannte ‚Seriöse' das ‚Ernstzunehmende' ist auch fast Schnickschnack gegenüber dem lieben Gott. Und da wird es dann wieder kabarettistisch, wissen Sie?"

Und schmunzelnd fügt Hüsch hinzu:

„Da könnte man fast ein ganzes Programm draus machen – über Schnickschnack. Da müsste man aber ganz radikal vorgehen, da müsste man nicht nur über schlechte Filme herziehen, sondern auch über die schlechte Gesellschaft, die Höchsten und die Kleinsten, die kämen alle dran; also Sodom und Gomorra. Ich würde es nicht bösartig machen, aber ich würde sagen: ‚Verabschiedet euch davon!'"

Schon 1982 hat Hüsch diese Gedanken in ein Programm einfließen lassen: „Tabula Rasa – deutsche Geschichte in 90 Minuten" heißt das literarische Opus, in dem Hüsch auch verschiedene Gedichte des barocken Dichters Andreas Gryphius zitiert:

Du siehst wohin du siehst nur Eitelkeit auf Erden.
Was dieser heute baut, reißt jener morgen ein:
Wo jetzt noch Städte stehn, wird eine Wiese sein
Auf der ein Schäfers Kind wird spielen mit den Herden.
Jetzt lacht das Glück uns an. Bald donnern die
Beschwerden.
Ach! Was ist alles dies, was wir für köstlich achten
Als schlechte Nichtigkeit, als Schatten, Staub und Wind.
Als eine Wiesen Blum, die man nicht wiederfindt.
Noch will, was ewig ist, kein einig Mensch betrachten.

„Wenn wir auch auf dieser Erde große soziale Ungerechtigkeiten haben – die natürlich geändert werden müssen, absolut, also, die nehmen wir nicht hin, die darf man nicht hinnehmen, das wäre zutiefst unchristlich –, aber eines haben wir doch alle gemein: Wir müssen gehen eines Tages, obzwar es auch da Unterschiede gibt: Der eine verunglückt und der andere schläft friedlich ein, der dritte siecht langsam dahin, der vierte wird zu Tode gefoltert, aber im Grunde genommen ist das philosophisch Entscheidende für mich: das Kommen und das Gehen. Der Mensch ist nicht ewig und er ist auch nicht vollendet und eines Tages verschwindet er wieder, und nach zweihundert Jahren, wenn er nicht gerade weltberühmt ist wie Johann Sebastian Bach oder Johann Wolfgang von Goethe, nicht wahr, dann ist da nichts mehr."

In dem Programm „Meine Bibel" liest der Kabarettist einen langen Abschnitt aus dem alttestamentlichen Buch des „Predigers Salomo", einem der Lieblingstexte von Hüsch.

Es ist alles ganz eitel, sprach der Prediger, es ist alles ganz eitel.
Was hat der Mensch für Gewinn von all seiner Mühe,
die er hat unter der Sonne?
Ein Geschlecht vergeht, das andere kommt;
die Erde aber bleibt immer bestehen.
Die Sonne geht auf und geht unter,
läuft an ihren Ort, dass sie dort wieder aufgehe.
Der Wind geht nach Süden, dreht sich nach Norden
und wieder herum an den Ort, wo er anfing.
Alle Wasser laufen ins Meer, doch wird das Meer nicht voller;
an den Ort, dahin sie fließen, fließen sie immer wieder.
Alles Reden ist so voll Mühe, dass niemand zu Ende kommt.
Das Auge sieht sich niemals satt, und das Ohr hört sich niemals satt.
Was geschehen ist, eben das wird hernach sein.
Was man getan hat, eben das tut man hernach wieder,
und es geschieht nichts Neues unter der Sonne.
Geschieht etwas, von dem man sagen könnte:
„Sieh, das ist neu"?
Es ist längst vorher auch geschehen in den Zeiten,
die vor uns gewesen sind.
Man gedenkt derer nicht, die früher gewesen sind,
und derer, die hernach kommen;

man wird auch ihrer nicht gedenken bei denen,
die noch später sein werden.
(aus: Kohelet [Prediger Salomo] 1,2-11,
übersetzt von Martin Luther)

Der große Skeptiker unter den biblischen Autoren ist im Grunde ein ziemlich moderner Denker, misstraut doch der „Prediger" allen Erkenntnisträgern und Weltdeutern und hinterfragt schon im 3. Jahrhundert vor Christus sämtliche Versuche, das Leben für „sinnvoll" zu erklären. Der „Prediger" hat sich die Welt sehr genau angeschaut und findet ihr Treiben schlicht absurd, „Schnickschnack" würde Hüsch sagen, „Haschen nach Wind", sagt der „Prediger". Die Weisen seiner Zeit lobten den Gerechten, der für seine Tugendhaftigkeit belohnt werde. Welch ein Irrtum, höhnt der „Prediger". Dem Gerechten ergeht es genauso wie dem Toren: sie müssen beide sterben.

„Wir sind Pusteblumen in einer fast überflüssigen Landschaft. Da ist nicht viel. Und wir werden zu Staub", sagt Hüsch. Sein Thema mit Variationen, das in jedem unserer Gespräche und – mehr oder minder direkt – in fast allen seinen Programmen wiederkehrt.

„Das heißt ja nicht, dass wir jetzt aufhören sollen, zu lachen oder uns zu freuen, aber wir sollen daran denken, dass wir Erde waren und wieder zu Erde werden.

Und das ist ja meine Philosophie schlechthin, auch im Kabarett, daraus entsteht mein Gelächter und daraus entsteht aber auch meine Solidarität mit den Kreaturen."

Aus dem Wissen um Tod und Vergänglichkeit sollen Gelächter, Heiterkeit und Solidarität erwachsen? Man könnte „närrisch“ werden, wenn man Hüsch so reden hört.

„Recht so“, würde Hüsch sagen. Denn genau das sei der Ausweg aus der Lebensfalle: die Narretei:

Man muss sich heutzutage, meine Freunde,
hinter seiner Verrücktheit verstecken.
Angewandte Verrücktheit dementsprechend,
kann man studieren auf der Hochschule für
vergleichende Gewohnheitswissenschaften.
Und man darf in dieser Republik nie „ich weiß es nicht“
sagen,
nie, um Gottes willen.
Allerdings, wenn du einen Weg weißt, dann bist du
gleich ein Zeigefinger-Samariter.
Weißt du keinen Weg, zeiht man dich sofort eines
weinerlichen Nihilismus,
weißt du viele Wege, sind natürlich sofort die Neider zur
Stelle, – am besten ist,
du weißt keinen, tust aber so, als wüsstest du Tausende.
Na, ich bin ja, Gott sei Dank, auch nur das Vorprogramm.
Ich bin ja der Hanswurst, der dumme August,
ich bin nur der Narr am Hofe des hinfälligen Königs und
eile durch die Gänge,
um die Dienerschaft bei Laune zu halten.
Oder ich bin der König am Hofe der hinfälligen
Dienerschaft und eile durch die Gänge, um den Narren
bei Laune zu halten,

oder ich bin die Dienerschaft am Hofe des hinfälligen Narren und eile durch die Gänge, um den König bei Laune zu halten.
Am Ende wissen wir gar nicht mehr, wer wir sind. So schnell eilen wir durch die Gänge.
(aus Programm: Und sie bewegt mich doch)

„Wir sind Narren um Christi willen“, schreibt der erste christliche Theologe Paulus in einem Brief an die Gemeinde in Korinth (1. Korinther 4, 10). Närrisch fanden es die Gebildeten seiner Zeit, dass die Christen ernsthaft glaubten, durch den schmachvollen Tod des Aufrührers und Gotteslästerers Jesus aus Nazareth am Kreuz habe sich Gott persönlich gezeigt und die Spielregeln dieser Welt förmlich durchkreuzt. Aber „die Weisheit dieser Welt ist Torheit bei Gott“, formuliert Paulus geheimnisvoll (1. Korinther 3, 19). Die Narretei hat Tradition im Christentum.

In byzantinischen Heiligenlegenden wird von dem asketischen Eremiten Symeon von Edessa aus dem 6. Jahrhundert berichtet. Nach einer Zeit mönchischer Einsiedelei beschließt er, in die Gesellschaft zurückzukehren, „in der Macht meines Herrn Jesus Christus, um der Welt einen Possen zu spielen“. Eine wahrlich kabarettistische Formulierung.

Symeons selbstgewählte närrische Maske soll provozieren und die „Verkehrtheit“ der Welt entlarven. Er zieht in die Stadt ein und schleift dabei einen toten Hund hinter sich her – eine Erinnerung an den Tod und die Vergänglichkeit des Menschen –, die Leute erklären ihn für verrückt.

Die Kosten-Nutzen-Rechnung der Menschen führt er ad absurdum, als er auf dem Markt für einen Händler arbeitet und dessen Bohnen nicht verkauft, sondern verschenkt.

Er stört die zur Routine erstarrte Gottesdienstpraxis, indem er am Sonntag in die Kirche kommt, die Kerzen ausbläst und mit Nüssen nach den Leuten wirft.

Mit zahlreichen bewusst kindischen Spielereien tritt Symeon in närrische Opposition zur gesellschaftlichen Konvention und erweist sich als hinterfragender Skeptiker gegenüber der „Weisheit dieser Welt".

Der Italiener Jacopone da Todi (1230-1306) erlebt eine christliche Bekehrung, als seine Frau bei einem tragischen Unglück ums Leben kommt. Daraufhin wird er in den Augen der Gesellschaft zum „wahnwitzigen" Narren Jakob (Jacopone). Es ist seine existentielle Erschütterung angesichts der erlebten Vergänglichkeit des Menschen, die ihn zum „Narren in Christo" macht. Im Hinblick auf den zu erwartenden Tod entlarvt er die gesellschaftlichen Spielregeln und das gewinn-orientierte Geschäftsleben der „Welt" als absurd und lächerlich. Auf der Hochzeit seines Bruders, inmitten von herausgeputzten Gästen, erscheint Jacopone nackt und gefedert.

Als ein Händler ihn bittet, dessen Hühner „nach Hause" zu tragen, bringt Jacopone das Federvieh zur künftigen Grabstätte des Mannes und erklärt dem Entsetzten: „Welch andere Wohnung habt Ihr denn als die, in der Ihr ewig sein werdet?"

Nein, ich wollte eigentlich ein Programm machen,
das mit der Bundesrepublik überhaupt nichts zu tun hat.
Und als es fertig war, das Programm, stellte ich fest,
dass es mit der ganzen Welt nichts zu tun hat.
Oh nein, mein Gott, hab ich gedacht.
Aber keine Angst.
Natürlich hat dieses Programm was mit dieser Republik
zu tun.
Und auch mit dieser Welt,
die ja von oben bis unten durch und durch eine völlig
erbarmungslose ist.
Der Humanismus faul und eitel.
Der Sozialismus unfehlbar, großspurig, selbstgerecht.
Die Kirchen beide immer noch von oben herab,
halbherzig, überheblich zugleich,
verwechseln gnadenlos nach wie vor
Religion mit Moral.
Der Kapitalismus korrupt und kriminell.
Die fortschrittlichen Zirkel
lügen sich täglich die Taschen voll,
und auf alles bin ich hereingefallen.
Heute noch, selbst heute Abend noch.
Und bin immer noch der kaputte Christ.
Der auf die Bergpredigt schwört.
Der alte gläubige Vollidiot.
(aus Programm: Und sie bewegt mich doch)

Hanns Dieter Hüsch, der „kaputte Christ“ und „gläubige Vollidiot“ ist ein „heiliger Narr“, wie Jacopone da Todi und

Symeon von Edessa, ein radikaler Skeptiker gegenüber den vermeintlich „weisen" Mechanismen der Welt, die er als Torheit entlarvt, ein Querulant und Opponent gegenüber den gesellschaftlichen Konventionen – auch denen des Kabaretts.

Ich habe mich ja schon oft gefragt,
warum wir uns nicht zusammentelefoniert haben,
und wir wären heute Abend zusammen in eine Kneipe gegangen
Und hätten dort irgendeinen philosophischen Unfug getrieben.
Aber darum geht es Ihnen ja nicht. Sie wollten ja unbedingt ins Kabarett.
Sie warten doch schon auf den ersten aktuellen Bezug.
Auf das aktuelle Christkind. Ich sehe es Ihnen doch an.
Es tut mir Leid. Ich habe mir vorgenommen,
die Kohls Genschers Geißlers Möllemanns Bangemanns und Barzels und so weiter
Nicht zu erwähnen.
Ich kann diese auswechselbaren Geschichtsbuchhalter
In diesem Programm nicht gebrauchen.
Mein Kabarett ist mir zu schade dafür.
(aus Programm: Und sie bewegt mich doch)

Hüsch hat keine Lust, den stellvertretenden „Missständebeseitiger" für die kabarettistische Fan-Gemeinde zu spielen. Er macht seine eigenen Regeln für ein neues Spiel:

Nein, vielleicht reden wir mal über uns, ausnahmsweise natürlich.
Keine Bange, das Leben hält immer noch für jeden von uns
Genügend tödliche Späße bereit, und zwar von Anfang an.
Vielleicht reden wir mal an der Zeit und an der Geschichte vorbei,
Anstatt ihr tagtäglich hinterher zu laufen.
Vielleicht kommen wir ihr ja dann zuvor, ich weiß es nicht.
(aus Programm: Und sie bewegt mich doch)

„Die Masken sind gefallen." Wir kommen nicht davon mit unseren Vorstellungen von einem hübsch unterhaltsamen, harmlosen Kabarettabend. Hüsch hat anderes mit uns vor. Er wird persönlich. Er möchte mit uns gemeinsam „an der Geschichte vorbei" reden und der „Welt einen Possen spielen". Die Narretei beginnt, ganz wie es sich gehört, mit einer höflichen Verbeugung:

Während der germanische Gerechtigkeitsmensch nicht daran denkt,
sich zu verneigen, und wenn, dann aus krankhaftem Gehorsam,
verneigen wir romanischen Höflichkeitskinder uns selbstbewusst und selbstironisch,
denn wir sind Fantasten des Herrn,
und bedanken uns für die wenigen Stunden in dieser Neuzeit,

in denen wir uns haben formulieren dürfen,
in denen wir spielerisch haben existieren dürfen,
für die wenigen Stunden,
in denen wir unsere Pflichten haben erfüllen dürfen
und in denen wir durch allzu tiefe Verbeugungen
unsere Rechte haben vergessen dürfen.
Für die wenigen Stunden in dieser Neuzeit,
in denen wir unsere Schwächen zu einem Kunststück
machen dürfen.
(aus Programm: Und sie bewegt mich doch)

Der „Fantast des Herrn" ist Gott dankbar für die kostbaren Momente, in denen das Leben zum Kinderspiel wird. Kunstvoll und selbstvergessen, wie nur spielende Kinder sich in dieser Welt bewegen können. Weiß Hüsch eigentlich, was er da sagt? Kennt er die komplizierten Schriften postmoderner Philosophen, die den spielerischen Umgang mit all den widersprüchlichen Deutungsmustern für die Welt zum Ausweg aus dem Dilemma erklären?

Als Gott die Welt erschuf, da war die Weisheit „als sein Liebling bei ihm", heißt es in einem merkwürdigen Vers im alttestamentlichen Buch der „Sprüche". Wie ein „Ich-Erzähler" erklärt „die Weisheit": „Ich war seine Lust täglich und spielte vor ihm allezeit; ich spielte auf seinem Erdkreis und hatte meine Lust an den Menschenkindern" (Sprüche, Kapitel 8, Vers 30 und 31). Wenn der kritische und aufgeklärte „Weise" zum spielenden Kind wird, gewinnt er die Lust am Leben zurück.

Abwegige Assoziationen zur Poesie des Niederrheiners? Ich glaube nicht. Denn das Geheimnis vieler seiner Texte besteht gerade darin, dass sie weiterführenden Gedanken Spielraum verschaffen. Und manchmal hat man den Eindruck, dass Hüsch zwischen den Zeilen mehr zum Ausdruck bringt, als er selber erklären kann und will.

Das Kunststück, heiter zu bleiben in einer absurden Welt, hat der Kabarettist vor allem mit seinem ganz und gar närrischen alter Ego „Hagenbuch“ vorgeführt. Ein schrulliger Geselle, von dem Hüsch nur im Konjunktiv berichtet, ein Stil, den er bei dem österreichischen Schriftsteller Thomas Bernhard abgeguckt hat.

Hagenbuch / Hat jetzt zugegeben / Sagt der Venezianer so der Genueser /
Dass nicht er / Sondern sie / Die Marchesa von Friaul /
Ihm / Hagenbuch /
Einen neuen Aufhänger / An seinen alten Mantel /
Angenäht habe /
Obwohl er / Hagenbuch / Sagt der Venezianer so der Genueser /
Den alten Mantel / Gar nicht mehr aufhängen wollte.

Hagenbuch, der sich in Venedig aufhält, „verachtet den neuen Aufhänger“ seines Mantels „über alle Maßen“:

Wie er denn auch / Auf dem Maskenball im Palazzo /
Der Marchesa von Friaul / Einen Vortrag gehalten / (...)

In dem er / Hagenbuch / Erstmalig das An- und
Ausziehen / Von Kleidungsstücken / Als Idiotie
bezeichnet habe/ (...)
Glaubten doch viele sich damit / Über den Alltag
hinwegretten zu können ...

Am meisten ärgert Hagenbuch, dass er selbst bei dieser „Idiotie" noch mitmacht:

Und wenn er morgens daran denke / Dass er abends
den Schuh wieder ausziehe /
Und danach auch noch den Strumpf / Und am nächsten
Morgen den Strumpf /
Wieder anziehe und darüber auch noch den Schuh /
Und am Abend wieder den Schuh ausziehe / Und
danach den Strumpf /
Und am Morgen wieder den Strumpf / Und darüber den
Schuh zöge /
Könne er sich selbst nur noch / Zum König der
Schwachsinnigen ernennen

Es folgen zahlreiche weitere Beispiele für diesen „Gewohnheitswahnsinn", bis Hagenbuch plötzlich merkt, dass die italienischen Zuhörer seine deutsche Ansprache überhaupt nicht verstehen.

Aber er habe keinen Moment innegehalten / Im
Gegenteil /
So als habe er festgestellt / Dass er allein rede /

Und niemand ihn begreife / Habe nun / Ein wahres Verrücktsein begonnen /
Und Hagenbuch (...) Habe nun / Vom Hineinspringen in die Hose gesprochen /
Welch ein Selbstbetrug am Morgen / (...)
Nein! / Habe Hagenbuch gesagt / (...)
Er zöge den alten Mantel nicht mehr an / Er müsse ihn ja doch wieder ausziehen /
Er mache auch keine Schublade mehr auf / Er müsse sie ja doch wieder zumachen / Auch das Hochheben eines Löffels / Um ihn dann wieder in die Suppe zu tauchen / Die man sich auch noch selbst eingebrockt habe / Um den Löffel dann wieder hochzuheben / Das sei eine einzige Fallenstellerei /
Bis man vollends in der Lebensfalle säße /
Er wolle auch nicht noch mal leben / Er müsse ja doch wieder sterben

Das eingangs genannte winzige Detail des neu angenähten Mantelaufhängers dient Hüsch als inhaltlicher „Aufhänger" für einen Gedankengang, in dem die stete Wiederholung alltäglicher Handlungsabläufe als lächerlicher Kreislauf entlarvt wird, bis hin zu der Zielaussage, dass das ganze Leben im Angesicht des Todes als absurd erscheint.

So weit waren wir ja schon einmal einige Seiten zuvor, könnte die aufmerksame Leserin einwenden. Und sie hat natürlich vollkommen Recht (er auch). Was, bitte, Herr Hüsch, macht Sie so heiter inmitten von so viel sinnloser Sterblichkeit?

„Das kann ich gedanklich gar nicht erklären. Das kann ich fast nur gestisch erläutern. Wenn ich ein Tänzer wär, könnt ich's Ihnen vormachen. Das meine ich damit: Heiterkeit in persona. Ganz verspielt, und es steckt viel Haltung dahinter.

Haltung ist für mich etwas ungeheuer Schönes, – nichts Wichtiges, aber wunderschön, etwas, das mich anzieht, animiert und fasziniert.

Es gibt dazu eine recht reaktionäre Anekdote, aber sie ist für mich immer ein gutes Beispiel für Haltung: Da wird diese kleine, junge französische Comtesse im 18. Jahrhundert zur Guillotine geführt. Und am Fuße des Hinrichtungsgerüstes – es geht ja immer so ein paar Holzstufen hinauf – verabschiedet sie sich von ihrer Zofe und sagt: ‚Was gebe ich denn den Herren? Ich mach das zum ersten Mal.'

Das finde ich ganz enorm. Das bedeutet ‚über der Welt zu stehen', über der Geschichte und über der Gesellschaft. Und eine solche Haltung ist für mich verbunden mit dem Satz, den Jesus im Johannes-Evangelium, Kapitel 18 sagt: ‚Mein Reich ist nicht von dieser Welt!' Das löst in mir ungeheure Heiterkeit aus, und – ja, wie soll ich das sagen? Das ist erlesen, das ist köstlich, wie eine Musik sitzt das in meinem Kopf, wenn ich an diese Dinge denke, da sprüht es in mir, das macht mich virtuos."

Und Hagenbuch? Nach dem Ende seines Vortrags fängt er ganz unvermittelt an zu dirigieren. Und seine Zuhörer, die die fremdsprachige Wahrheit des „Verrückten" gar nicht verstanden haben, beginnen, schweigend dazu zu tanzen. In Venedig erzählt man sich:

Heute noch / (...) Tanze dort eine schweigende maskierte Menge /
Langsam auf und ab / Ohne auf den Tag und die Nacht zu achten/
Nur Hagenbuch / Stünde nicht mehr an seinem Platz /
Und es heißt / (...) Er / Hagenbuch /
Habe auf Empfehlung der Annamaria von Triest /
Sogar dem Papst / Diesen Verkleidungsvortrag gehalten /
Und dirigiere jetzt von Zeit zu Zeit /
Im Petersdom vor geistesverwirrten Jesuiten /
Sein vertontes Schweigen / Als Modus Vivendi / Da capo al fine

Die Heiterkeit des Hanns Dieter Hüsch ist eine von Leichtigkeit getragene Schwermut, eine tänzelnde Melancholie vielleicht, ein „Modus Vivendi", eine Lebensart, die an der Welt nicht verzweifelt, weil sie die Welt durchschaut. Durch sie hindurch sieht zu dem, der uns dahinter erwartet. Hüsch nimmt das Leben zu ernst, als dass er nicht auch darüber lachen könnte. Und dann erzählt er noch einmal von seinen Kindheitserfahrungen am Niederrhein, der Wiege seiner Philosophie, wahrscheinlich bis zur Bahre:

„Dort erlebte ich diese Bindung an die beiden großen Pole des Menschen, nämlich das Kommen und das Gehen, ähnlich wie in der Kunst die Tragödie und die Komödie. Und darüber nicht nur nachzudenken, sondern diesen Spannungsbogen auch ganz stark, beinah körperlich zu empfinden, diese Erfahrung hat mich eigentlich zum Glauben hingeführt. Jesus Christus ist mein Trost. Ich weiß, er wird mich in die Arme nehmen, wenn ich eines Tages zu gehen habe."

Und wenn ich nicht wüsste,
wohin meinen Kopf zur Ruhe betten
in dieser törichten Zeit,
und kein Abend mein unruhiges Herz aufnähme
in die wohl tuenden Arme der Dämmerung,
so wird mein Gemüt doch gerettet durch die
Barmherzigkeit Gottes,
und meine Seele bleibt unverwundet durch seine Güte,
und meine Heiterkeit darf ich allzeit ausüben
durch seinen Geist, der so unendlich ist,
dass er kein Ende berührt,
auch wenn er im Kreise ginge.
(aus Programm: Ein neues Kapitel)

Kapitel 5

Und sie bewegt mich doch

Bedenkt, dass jetzt um diese Zeit
Der Mond sein Milchgebiss uns zeigt.
Bedenkt, dass hinter ihm ein Himmel ist,
Den man nicht definieren kann.
Vielleicht kommt jetzt um diese Zeit
Ein Mensch dort oben an.
Und umgekehrt wird jetzt vielleicht
Ein Träumer in die Welt gesetzt.
Und manche Mutter hat erfahren,
Dass ihre Kinder nicht die Besten waren.

Bedenkt auch, dass Ihr Wasser habt und Brot,
Dass Unglück auf der Straße droht,
Für die, die weder Tisch noch Stühle haben
Und mit der Not die Tugend auch begraben,
Bedenkt, dass mancher sich betrinkt,
Weil ihm das Leben nicht gelingt,
Dass mancher lacht, weil er nicht weinen kann.
Dem einen sieht man's an, dem andern nicht.
Bedenkt, wie schnell man oft ein Urteil spricht.
(aus Programm: Meine Bibel)

Der Dichter Matthias Claudius blinzelt dem Kabarettisten über die Schulter, als Hüsch in dem Programm „Meine Bibel“ an die Milchzähne des Mondes erinnert. Und von Ferne winkt sein Lieblingsonkel Heinrich, der ihm einst die Claudius-Verse zum Auswendig-Lernen vor die Füße warf: „Wir stolzen Menschenkinder / sind eitel arme Sünder / und wissen gar nicht viel“, sang der Aufklärungskritiker Claudius in seinem berühmtesten Lied: „Der Mond ist aufgegangen“: „Seht ihr den Mond dort stehen? / Er ist nur halb zu sehen / und ist doch rund und schön. / So sind wohl manche Sachen, / die wir getrost belachen, / weil unsre Augen sie nicht sehn.“ Hüsch belacht ihn nicht, den „Himmel, den man nicht definieren kann“, und die Menschen unten auf der Erde, die mit ihrem Leben kaum zurecht kommen.

1956 steht der 31-jährige Kabarettist mit diesem Text zum ersten Mal auf der Bühne, für ein Solo-Programm im Stadttheater Mainz, ohne Mikrophon vor 1100 Besuchern („Das war eine große Ehre für mich damals“). Und er bittet sie, die Augen noch weiter aufzumachen für das Schicksal gerade jener, die man im Dunkeln oft nicht sieht:

Und dass gefoltert wird, das sollt Ihr auch bedenken.
Gewiss, ein heißes Eisen, ich wollte niemand kränken,
Doch werden Bajonette jetzt gezählt,
Und wenn eins fehlt,
Es könnte einen Menschen retten,
Der jetzt um diese Zeit in Eurer Mitte sitzt,
Von Gleichgesinnten noch geschützt.

Wenn Ihr dies alles wollt bedenken,
Dann will ich gern den Hut,
Den ich nicht habe, schwenken.

Die Frage ist, die Frage ist:
Soll'n wir sie lieben, diese Welt?
Soll'n wir sie lieben?
Ich möchte sagen:
Wir wollen es üben.
(aus Programm: Meine Bibel)

Diese Übung trainiert Hüsch heute noch. Doch die Welt hat es ihm nicht leichter gemacht seit den 50er-Jahren. In seinem 15-Minuten langen Text „Die polyphonische Krankheit" von 1984 unterhält sich der Kabarettist mit einem Freund darüber.

Die Wahrheit ist doch, sagt er zu mir,
dass während wir zwei hier sitzen
auf unserer Erde zur gleichen Zeit, zur Abendzeit,
unzählige Menschen gefoltert und gequält werden,
nur weil sie Kommunisten sind oder weil sie eventuell
Kommunisten sind
oder weil sie vielleicht mal Kommunisten waren
oder zu Kommunisten werden könnten,
dabei sind es meist nur empfindsame, zarte scheue
Menschen,
die gar nicht wissen, was Kommunismus ist.
Die gar nicht wissen können.

dass andererseits
Kommunisten
zur gleichen Zeit, zur Abendzeit,
während wir zwei hier sitzen,
unzählige Menschen gefangen halten,
nur weil sie keine Kommunisten sind,
oder eventuell keine Kommunisten sind
oder keine Kommunisten werden
oder keine Kommunisten sein können,
weil sie vielleicht viel wahrhaftigere Kommunisten sind,
als alle anderen Kommunisten der Welt zusammen,
ganz und gar zarte, scheue und empfindsame
Menschen,
die von der Straße in ein Auto gezerrt werden,
auf Nimmerwiedersehen,
während wir hier sitzen, zur gleichen Zeit,
zur Abendzeit.

Die Weltgeschichte ist doch eine Geschichte von
Verfolgungen, sagt er,
wie soll ich mich denn da verhalten, paranoid,
wie ich bin,
wie soll ich mich denn da verhalten?
(...)
Bin ich verrückt oder ist die Welt verrückt?
Natürlich ich, sagt er.
Na schön.
(aus Programm: Und sie bewegt mich doch)

Wie verhält man sich zu dieser verrückten Welt? Im Gespräch unternimmt Hüsch einen neuen Annäherungsversuch:

„Wenn Sie einen Schnitt durch diese Erde machen, von hier bis da: Was passiert jetzt im Moment in New York? Was passiert in Sydney, was passiert in Helsinki? Zur gleichen Zeit, wo wir hier sitzen? Und was alles passiert! Milliarden von Geschichten passieren. Und diese Dinge nebeneinander zu setzen und – wie soll ich sagen? – Also, das muss in mir Spannungen auslösen, da mach ich selbst eine Prüfung durch, inwieweit ich noch in der Lage bin, Menschen und Menschengeschichten zu lieben."

Sie schalten das Fernsehen ein, erstes Programm,
Sie sehen verhungernde Kinder,
ein Arzt erklärt gerade, dass diese Kinder kein Blut mehr im Blut haben,
also keine roten Blutkörperchen.
Sie gehen ins zweite Programm, sie sehen Harald Juhnke tanzend.
Sie gehen jetzt aufs dritte Programm.
Weil Sie wissen, wie die Hauptstadt von Niedersachsen heißt,
bekommen Sie von Hans Rosenthal einen Cassettenrecorder.
Per Nachnahme.
Sie gehen wieder aufs erste Programm,
sie sehen verhungernde Kinder,
sie gehen wieder aufs zweite Programm,

sie sehen Harald Juhnke immer noch tanzend.
Das ist die polyphonische Krankheit,
da muss man schon ganz schön gesund sein,
um diese Krankheit nicht zu bekommen.
(aus Programm: Und sie bewegt mich doch)

Zehn Jahre nach diesem prophetischen Text hat sich die Anzahl der Fernsehprogramme mehr als verzehnfacht und Hüsch kann mir inzwischen auch den Fachterminus zum Spiel mit der Fernbedienung erklären:

„Man spricht ja nicht umsonst von – wie heißt das Zeug? – ‚Zappen', nicht wahr; durch alle Programme gehen. Und so ist es ja im Leben auch. Die Dinge stehen ganz abrupt nebeneinander. In einer Hagenbuch-Geschichte habe ich mal gesagt: ‚Die Gleichzeitigkeit der Ereignisse hat ihn verrückt gemacht.' Und genau das ist es, was mich ein bisschen krank macht, diese Gleichzeitigkeit von wirklich größter Grausamkeit und fidelem Tun."

„Soll'n wir sie lieben diese Welt?" Wer das üben will, muss die Welt erst einmal kennen lernen, genau hinschauen und ihren Brüchen und Widersprüchen standhalten, ein Vorzug der Kabarettisten und Komödianten gegenüber den Pfarrern und Kirchenmännern, meinte schon Johann Wolfgang von Goethe:

Wagner: Ich hab es öfters rühmen hören,
Ein Komödiant könnt einen Pfarrer lehren.
Faust: Ja, wenn der Pfarrer ein Komödiant ist;
Wie das denn wohl zuzeiten kommen mag.

Wagner: Ach! Wenn man so in sein Museum gebannt ist
Und sieht die Welt kaum einen Feiertag,
Kaum durch ein Fernglas, nur von weiten,
Wie soll man sie durch Überredung leiten?
(Goethe, Faust I, V. 522-533)

Ein Kirchenmann von anderem Schrot und Korn ist der evangelische Pfarrer Horst Symanowski. Anfang der 50er-Jahre führt er in Mainz-Kastel unter anderem das ökumenische Jugendwohnheim „Gossnerhaus". Symanowski hat polemische Schriften „Gegen die Weltfremdheit" seiner Kirche verfasst. Er sieht seinen Platz vor allem an der Seite kirchlich-„entwöhnter" Arbeiter aus der Industrie, mit dem Ziel, in ihrem Alltag „da zu sein, bei dem anderen in seiner Welt zu stehen". Zu der Zeit arbeitet Hüsch mit Freunden in dem Kabarett-Ensemble „Arche Nova". Man lernt sich kennen.

„Wir hatten in Mainz ein Zimmertheater gegründet, geleitet von meinem Freund Rudolf Jürgen Bartsch. Dort haben wir immer zur Weihnachtszeit ein Kabarettprogramm aufgeführt – das war so Tradition über lange Jahre hinweg –, das hieß: ‚Weihnachtsmänner machen Geschichte(n).' Und das war ein kritisches und ein lustiges Programm, und im dritten Teil eigentlich auch ein christliches Programm, in Bezug auf die Weihnachtszeit und die Weihnachtsgeschichte.

Und das hat sich wohl Symanowski im Zimmertheater angesehen und lud uns ein in seine ‚Gossner Mission' in Mainz-Kastel, um dort – wie man heute so schön sagt – die

‚Vorpremiere' zu machen, das Ganze auszuprobieren und uns die Nervosität zu nehmen. Das haben wir auch gemacht, und so ist da ein ganz enger Kontakt entstanden. Wir haben ihn immer ‚Simmi' genannt."

Im August 1956 begleitet Pfarrer Symanowski das Ensemble zum 7. Deutschen Evangelischen Kirchentag nach Frankfurt. Am Ende der Kabarettprogramme schreit „Simmi" aus dem Publikum: „Ja, was soll denn das alles? Soll'n wir sie nun lieben, diese Welt oder nicht?" Worauf Hüsch und seine Kollegen von der Bühne zurückrufen: „Wir wollen es üben!"

Symanowski schreibt seiner Kirche ins Stammbuch: „Zwischen Fabrikschornsteinen gibt es keine kirchliche Schrebergartenidylle. Hier werden uns Fragen gestellt, für die wir keine Antworten gelernt haben."

„In der Kirche weniger von der Kirche reden", hat auch Hüsch ein paar Jahre später in einem Text vorgeschlagen. „Weniger vom Teufel. Mehr von den armen und reichen Teufeln. ... Das Leben bitte nicht als Übergang. Es gibt zu viele arme Hunde, die sich dann damit abfinden sollen. Es gibt zu viel Hungernde und Kranke, die sich dann damit abfinden sollen."

1948 arbeitet Hüsch einmal als Werkstudent acht Wochen lang bei Krupp in Rheinhausen. Diese „Maloche"-Erfahrung in der „Rotte" möchte er nicht missen. Später hat er sie aufgeschrieben: „Das Monotone Lied" klingt im Ton allerdings ganz anders als die kämpferischen Parolen seines Pfarrer-Freundes:

Jede Nacht um 2 Uhr aufstehn
Und um halb 3 in den Bus
Der schon voll mit Arbeiterkollegen
Die sich wie die Kinder noch im Schlaf bewegen
Weil die Nacht sehr kurz sein muss

Und der Bus, der rumpelt durchs Gelände
Von Marienbaum zur Hütte nach Rheinhausen
Flaches Land und nirgendwo vier Wände
Wiesen nehmen hier kein Ende
Graues Licht kennt keine Pausen

Halb 6 dann an Ort und Stelle
Denn um 6 beginnt die Schicht
Hacke Schaufel Schotter neue Schwelle
Noch ein Schlag für alle Fälle
Denn sonst hält die Schiene nicht

Ausgekoffert raus den Schotter
Einszweidrei und einszweidrei
Bisschen schneller bisschen flotter
Raus die Schwelle rein den Schotter
Nächste Strecke Schiene frei

(...) Und um 2 Uhr ist die Schicht zu Ende
Dann um halb drei wieder in den Bus
Müde Augen aufgerissne Hände
Und 3 Stunden nochmal durchs Gelände
Kartenspiel und Fußballstuss

Dann ein bisschen noch im Garten kramen
Und den Kindern Gute Nacht gesagt
Lebenslänglich Ja und Amen
Ohne Glanz und ohne Namen
Keiner der nach seinen Träumen fragt

(...) Da ist nichts mit Goethe und mit Schiller
Feinem Geist ästhetischem Konfekt
Keiner übt hier Tonleiter und Triller
Niemand kennt hier Dürrenmatt und Miller
Wenn man mal in dieser Mühle steckt

(...) Das ist mir im Kopf geblieben
Und aus dem Erinnerungsmüll
Habe ichs jetzt aufgeschrieben
Weil und das ist gar nicht übertrieben
Weil ichs nicht vergessen will

Damals als ich nur für 90 Tage
So als Werkstudent bei Krupp und Thyssen
Sah ich viele Menschen die in dieser Lage
Dort für immer und für alle Tage
Dieses monotone Leben leben müssen

(...) Dann ein bisschen noch am Fernsehkasten
Rumgedreht und wieder ausgemacht
Mit der Frau noch schnell besprochen
Was die Kinder so am Tag verbrochen
Und schon ist sie wieder rum die Nacht

Jede Nacht um 2 Uhr aufstehn
Und um halb 3 in den Bus
Der schon voll mit Arbeiterkollegen
Die sich wie die Kinder noch im Schlaf bewegen
Weil die Nacht sehr kurz sein muss

Zugegeben diese vielen Zeilen
Sind kein polyphones Kunstgedicht
Doch die so an uns vorübereilen
Aufgebraucht zermürbt und kaum zu heilen

Guckt doch diesen Menschen einmal richtig ins Gesicht
Mehr will dieses Liedchen nicht
(aus: Du kommst auch drin vor)

Pfarrer Symanowski will wesentlich mehr als dieses Liedchen. Hanns Dieter Hüsch aber ist nicht zum Klassenkämpfer geboren. Seine Wege und die des befreundeten Pfarrers trennen sich allmählich.

„Symanowski war ja ein sehr sehr engagierter Mann, fast aktionistisch engagiert, möchte man sagen. Er stand der DKP nah und hatte dort viele Freunde. Das fand ich auch gut und schön, aber er wurde mir dann ein bisschen zu fundamentalistisch. Und das Verspielte, was seinerzeit doch auch bei ihm zu finden war und von dem wir meinten, das liebt er neben dem politisch Engagierten auch an uns, das fiel dann ein bisschen hinten runter. Ich war nie ein Aktionist, ich war immer ein Mann des Wortes und, sagen wir mal, der leisen Argumentation; ich fühle mich da einem

Mann wie Heinrich Böll näher, der ja nun auch in Mutlangen dabei war, aber doch sicherlich manchmal seine kritischen, kleinen privaten Vorbehalte hatte.“

Bei einer allerdings recht lauten Demonstration kreuzen sich die Wege von Hüsch und Symanowski 1968 noch einmal. Nach dem Attentat auf Rudi Dutschke, den Studentenführer der Außer-Parlamentarischen Opposition, treffen sie sich in Mainz zum gemeinsamen Protest gegen das bürgerliche „Establishment“:

„Ich habe mit der Sprechtüte vor dem Mainzer Bahnhof gestanden und habe ein Statement gesprochen, und Simmi ist mit uns durch die Straßen gezogen bei den Protestmärschen und sogar in die Omnibusse reingegangen, um Flugblätter zu verteilen.“

Noch einige Jahre vor Oskar Lafontaines berüchtigtem Buchtitel von 1999 sagt Hüsch mir im Gespräch einmal schmunzelnd am Rande: „Mein Herz hat immer links gestanden und schlägt nach wie vor links. Aber ich bin nicht nur Christ wegen Nicaragua, sondern ich bin auch Christ, um jemandem zu sagen: ‚Dir geht es nicht gut. Komm, wir gehen mal ein bisschen durch den Park oder setzen uns mal auf eine Bank und erinnern uns an früher.‘ Es sind Kleinigkeiten, aber ich halte die für ungemein wichtig. Gemischt mit dem anderen! Und das ist ja eine große Krankheit bei uns. Bei uns wird ja nichts gemischt. Die Parteien hassen sich, anstatt zu sagen: ‚Beide haben gute Leute, beide haben auch manchmal gute Ideen. Lasst uns doch die guten Dinge zusammenwerfen und die anderen, die lassen wir.'"

Seine Abneigung gegenüber politischem Lager-Denken und vereinseitigten Positionen sollte Hüsch damals noch in große Schwierigkeiten bringen. Doch in den Jahren der Studentenunruhen teilt auch er eine Zeit lang die Hoffnung, dass die linke Bewegung diese Republik positiv verändern könne.

Im Zuge der Diskussion um die deutsche Wiederbewaffnung und die atomare Aufrüstung in den 50er-Jahren hat Hüsch schon 1958 als Auftragswerk für den Südwestfunk seine „Carmina Urana" geschrieben, die „Vier Gesänge gegen die Bombe". Das Werk wird bezahlt, aber nicht gesendet. Es ist den Verantwortlichen politisch zu heikel. Nachdem die Debatte abgeflaut ist, sendet der Saarländische Rundfunk die „Gesänge" 1965 doch noch. Nun aber regt sich niemand mehr darüber auf.

Umso größer ist die öffentliche Erregung, als bald darauf die „Außerparlamentarische Opposition" gegen das militärische Engagement der USA in Vietnam protestiert und zum „langen Marsch durch die Institutionen" aufruft, um das gesellschaftliche und politische System auf den Kopf zu stellen.

„Komm heißer Herbst und mache / Die Bäume wieder rot", textet Hüsch ungewohnt kämpferisch. „Komm heißer Herbst, komm wieder. / Die Herrschenden zittern schon. / Verändre unsre Lieder / Und mach Revolution."

Hüsch während des „Öffentlichen Gelöbnisses“ vor 3000 Menschen 1981 in Darmstadt.

Doch der Ausflug in politische Parolen bleibt Episode. Denn das eigentlich kritische Moment seines Kabaretts ist immer die Skepsis gegenüber jeglicher Ideologie gewesen. Wo Machthaber, aber auch ihre Gegner Meinungen mit Absolutheitsanspruch vertreten, meldet Hüsch seine Zweifel an. Seine Zeitkritik ist Ideologiekritik aus der Sicht des skeptischen Individuums.

Wenn Hüsch in den 50er-Jahren formuliert: „Es muss möglich sein, den Feind zu lieben ...“, wenn er den revolutionären Systemveränderern die verändernde Kraft der Liebe von Mensch zu Mensch vorzieht, dann handelt ihm das schon früh die politischen Rügen seiner linken Freunde ein. Hüschs Distanz gegenüber politischer Festlegung und Eindeutigkeit bezeichnet der Kabarettkritiker Klaus Budzinski 1966 als „antisozialen Ohne-Mich-Standpunkt".

Der Konflikt eskaliert 1968 auf Burg Waldeck, einem linken Liedermacher-Festival, bei dem Hüsch zum wiederholten Male auftritt. In diesem Jahr wird er ausgebuht, sein Konzert abgebrochen. Die Genossen wollen diskutieren. „Spaßmacher Hüsch" sitzt auf der Anklagebank.

„Es durfte einfach nicht gelacht werden. Lachen war schon spießig, war reaktionär, und ich hab immer die Ansicht vertreten – was dann später fast zur Mode wurde – : Man muss Politisches auch sinnlich und mit Spaß verkaufen. Die Freude am Nachdenken – Denken als Genuss à la Brecht – muss möglich sein. Stattdessen sollte es aber starr, stur, asketisch und zum Teil auch fanatisch zugehen. ‚Mitmachen ist Pflicht. Wenn du Sozialist bist, dann sollte dein Programm sozialistischer aussehen.' Ich war damals zutiefst enttäuscht, als ich merkte: die eigenen Genossen hauen dich in die Pfanne."

Hüsch erlebt die schwerste künstlerische Krise seiner Laufbahn, tritt über ein Jahr nicht mehr in Deutschland auf und schreibt 1970 sein Solo-Programm „Enthauptungen":
„Es war eine Abrechnung mit den Pseudo-Linken der Waldeck, eine radikale Hinwendung zu den Einzelgängern und gleichwohl eine neue Standortbestimmung, denn wenn es sonst immer hieß, gemeinsam sind wir stärker, sagte ich

jetzt, allein bin ich am stärksten, und so ist es auch bis heute geblieben" (Kindler, 1990, 288).

„Ohne mich!", ruft Hüsch den Ideologen zu. Und die Welt? Und die Menschen mit ihren alltäglichen Lebenskonflikten? Müssen sie nun auch ohne die Liebesübungen des Niederrheiners auskommen? Was ist aus ihm geworden seitdem? Ein schöngeistiger Eremit im literarischen Schneckenhaus, ein seichter Komödiant, den man lieber „Plüsch statt Hüsch" nennen sollte, wie Wolfgang Neuss einst vorschlug? Mischt er noch mit im absurden Weltgeschehen, mischt er sich ein oder hält er sich raus und überlässt die Welt ihrem Schicksal?

„Und sie bewegt mich doch!" antwortet der Kabarettist mit dem Titel seines Programms von 1984. Hüsch liebt die Welt auf seine Art und schlägt 1993 „Ein neues Kapitel" dieser Liebesgeschichte auf: Mit roter Clownsnase im Gesicht kommt Hüsch wild gestikulierend und schimpfend auf die Bühne, um dem verdutzten Publikum kurz darauf zu erklären:

Es ist ja wirklich so,
da kommt jeden Abend zwei Minuten vor der Vorstellung
ein Herr zu mir in die Garderobe und sagt,
ich soll die Welt verändern, ich soll die Welt verbessern;
ich bin ja froh, wenn ich meinen Schreibtisch aufgeräumt kriege!

Und wenig später, als sich die Aufregung etwas gelegt hat:

Der Saulus-Paulus, den kennen Sie ja auch,
der hat da in der Bibel die vielen Briefe geschrieben.
In einem Brief an die Römer, Kapitel 12, Vers 2,
hat er gesagt:
„Stellt euch nicht der Welt gleich!"
Das ist ein toller Satz.
„Stellt euch nicht der Welt gleich."
Und der Peter Rühmkorf, unser Büchnerpreisträger vom vorigen Jahr,
der hat ja gesagt:
„Bleib erschütterbar, doch widersteh!"
Und ich sage seit einiger Zeit immer merkwürdigerweise:
„Weeeeeeeelt! Leck mich am Arsch!"
(aus Programm: Ein neues Kapitel)

„Welche Welt, Herr Hüsch, soll Sie denn nun, äh ..." Ich muss den Satz nicht beenden. Der literarische Komiker fällt mir rechtzeitig ins Wort:

„Die ganze Welt! Die Welt, in der ich lebe. Nicht nur vom Nordpol zum Südpol, sondern auch die Welt, die ich erlebe, tagtäglich, an Geschichte und an Privatleben und auch an beruflichem Leben und all diesen Dingen. Das gehört alles mit zu dieser Welt.

Und das heißt, wenn ich sage: ‚Leck mich am Arsch!' –: ‚Du kannst mit mir nicht mehr so rechnen.' – Brecht hat gesagt: ‚In mir habt ihr einen, auf den könnt ihr nicht bauen.‘ ‚Rechne nicht mehr mit mir. Ich kann dich leider nicht mehr ernst nehmen!‘ – Auch wenn es Gottes Welt ist.

Neulich sprach ich mit Johannes Rau über die Frage, ob man noch Kinder in diese Welt setzen sollte, und ich sagte, ich würde da vielleicht viele verstehen, die sagen: ‚Das machen wir nicht mehr.‘ Und da sagte er zu mir – den Satz werd ich nie vergessen –: ‚Wenn diese Welt Gottes Welt ist, dann sollten wir auch in Gottes Welt Kinder setzen, dann sollten wir das Vertrauen haben.‘

Mich verfolgt dieser Satz, wobei ich immer sage: ‚Natürlich ist es Gottes Welt, aber das, was wir hier machen, das kann doch nicht Gottes Vorhaben gewesen sein.‘ – Sondern er ist doch ganz anders gestimmt, und wir haben den freien Willen, den er uns gegeben hat, und wir machen damit, was wir wollen, und zwar dummes Zeug, nicht wahr. Wenn ich sage: ‚Dummes Zeug‘, ist das ja ganz milde ausgedrückt. Wir bringen uns um, wir sind allesamt verbrecherisch gelaunt, und das kann es doch eigentlich nicht sein.“

Und das ist es auch bei Hüsch noch nicht gewesen. In dem gleichen Programm erinnert er seine Zuschauer in eingestreuten Zitaten an die Menschenrechte, plädiert für Solidarität und Höflichkeit, redet von Zuversicht und Liebe und wirkt so gar nicht wie einer, den die Welt im Grunde nichts mehr angeht.

„Nein, ich möchte noch mal an ein paar wirklich altmodische Werte erinnern. Gegen die Politikverdrossenheit, die ja auch schon wieder ein bisschen abgenommen haben soll, wie man sagt. Und ich möchte vorschlagen, dass wir es vielleicht noch einmal versuchen sollten, dass aus dem Weinen wieder Lachen wird und dass die Kleinkunst dafür auch eine Hilfe sein kann."

Der Václav Havel, das ist ja der Präsident von dem einen Land,
ich weiß jetzt im Augenblick nicht genau welches,
weil das wird ja alle fünf Minuten anders eingeteilt,
jedenfalls ist der ja auch Schriftsteller,
und der hat ein wunderbares Wort gesagt, finde ich,
und das möchte ich Ihnen nicht vorenthalten.

Er hat gesagt, dass das Leben in Wahrheit verlangt,
dass wir nicht durch Schweigen hinnehmen,
was wir nicht ertragen wollen.
Selbst wenn unsere Worte es nicht sogleich verändern.
Und der alte Euripides, der ist ja schon lange tot,
der hat ja gesagt: Die Zunge ist mächtiger als das Schwert.
Das sind so kleine Sätzchen, an denen ich mich gerne festhalte.
(aus Programm: Ein neues Kapitel)

Also was denn nun? Soll'n wir sie lieben, diese Welt? Die Alternativen stellt Hüsch schon 1984 seinem Publikum glasklar vor Augen, und zwar durch seine beiden Lieblingszitate von Bertolt Brecht und Gottfried Benn:

„Wollt nicht in Zorn verfallen,
denn alle Kreatur braucht Hilf' von allen",
sagt der eine berühmte Dichter.
„Ob Rosen, ob Schnee, ob Meere,
was alles erblühte, verblich.
Es gibt nur zwei Dinge: die Leere
und das gezeichnete Ich",
sagt der andere berühmte Dichter.
Und nun müssen Sie sich entscheiden, meine Damen
und Herren,
ich bin untröstlich, aber Sie müssen sich entscheiden.
Fahnenflucht oder: „Und sie bewegt mich doch ..."?
Fragen Sie mich nicht nach einem Fazit. Das wäre
fürchterlich.
(aus Programm: Und sie bewegt mich doch)

Schade, denn genau das wollte ich gerade tun: Hüsch nach seinem persönlichen Fazit fragen: Rückzug oder einmischen?

„Montags hab ich mich zurückgezogen. Dienstags hab ich mich eingemischt. So war es immer bei mir. Also, mich ständig einmischen, das kann ich nicht. Ich bin immer nicht gerade ein Individualist, aber ein Einzelgänger gewesen, von meiner ganzen Struktur her. Und daher hab ich mir auch immer erlaubt, widersprüchlich zu sein. Und ich muss so sein, das ist der Hüsch. Und ich bin froh, dass die beiden Pole in mir drin sind. Dass sie mich – obwohl ich ein naiver, alter romantischer Idealist bin – immer wieder auch zum

Zweifel führen, um dann am nächsten Tag zu sagen: ‚Also, so geht es nicht. Wir müssen doch wieder gucken, dass wir die alten Tugenden auf unsere unsichtbaren Fahnen sticken.' Und da bin ich dann wieder – ich kann das übrigens sehr gut – der Volkstribun. Doch, ich könnte gut einen Volkstribun spielen."

Kann man seine Überzeugungen und Einstellungen von der jeweiligen Tagesform abhängig machen? Geht das, möchte ich wissen, dass man am Montag für die Welt hofft und Dienstag nicht mehr, um Mittwoch vielleicht wieder damit anzufangen?

„Ja, das geht. Absolut", erklärt Hüsch ohne zu zögern.

„Wir haben ja auch ein Privatleben. Das darf man darüber nicht vergessen. Auch das Privatleben beeinflusst uns ja alle. Es gibt traurige Tage, es gibt schöne Tage, es gibt wunderschöne Tage, es gibt miese Tage, es gibt üble Tage, helle und dunkle. Und an diesen Tagen ist das so.

Es soll mir doch kein Politiker vormachen, dass der immer nur politisch denkt und immer nur an Maastricht und Genf und Europa und so. Die haben doch auch ihre Minuten, wo sie aufs Klo müssen und wo plötzlich Galle, Darm und Herz eine Rolle spielen." Er beugt sich vor, redet sich fast ein bisschen in Rage.

„Und das spielt ja alles mit. Und das wird immer so wahnsinnig vergessen. Und ich bin immer so erstaunt, dass den Menschen das nicht auffällt, denn sie leben das doch alle, sie leben doch auch tagtäglich, aber doch nicht immer nur auf einem Pferd. Wir sitzen doch auf drei, vier, fünf Pferden. Anders geht's doch gar nicht."

Auf einmal hört er sich an wie ein Seelsorger, der das Leben kennt und den Menschen aus der Seele spricht, ohne ihnen nach dem Mund zu reden. Häufig ganz im Gegenteil, denn solange die Welt noch nicht so ist, wie sie sein sollte, solange die Utopie vom Frieden auf Erden noch im „Anderland" zu Hause ist, solange die Menschen sich weiterhin argwöhnisch beäugen und bekriegen, statt aufeinander zuzugehen, solange wird Hüsch zwar ab und an seine Augen davor verschließen und wenn er König wäre, sagt er, würde er den Leuten sicherlich auch gelegentlich zurufen: „Geht nach Hause! Lasst mich in Ruhe!" Aber er wird doch seinen Blick nicht abwenden von der verletzten Welt und seinen kabarettistischen Finger weiterhin in die Wunden legen, mit seinem ganz eigenen Gestus aus „Dialog und Dialektik" und ohne sich die Themen von anderen vorschreiben zu lassen, wie Hüsch einmal im Gespräch mit den „Evangelischen Kommentaren" erklärt:

„Und wenn mir Leute vorwerfen: Warum macht er denn gar keine Tagespolitik, warum spricht er nicht über die Gesundheits-, Renten- oder Steuerreform, warum hat er nicht längst ein Lied über die sterbenden Robben gemacht, dann muss ich denen sagen: ... Das hat die Wochenschau schon gemacht, immer eine Woche hinterher. Aber wir Kabarettisten müssen vorausdenken, Kleinkunstpropheten sein" (EvKomm 1988, 524).

Ein neues Kapitel, so heißt ja das Programm,
ist oft ein letztes Kapitel.
Die Zeit läuft ab. Die Welt steht Kopf. Die Geschichte ist krank.
Die Säugetiere sind ratlos. Gott ist es leid. Die Seuchen sind auf dem Vormarsch.
Die Völker beginnen zu wandern. Die Erde hat Angst.
Mensch, mach dir klar, sag ich manchmal,
dass du jetzt bald dran bist,
dass vielleicht schon bald dein Guatemalteke im Vorgarten steht
und durch die Hintertür dein Kurde kommt,
um dich ans Kreuz zu nageln,
denn sie haben lang genug gewartet auf das kleine Stückchen Brot,
das du achtlos wegwarfst.
Und auf eine kleine anständige Behandlung an Leib und Seele.
Mach dir klar, Mensch,
dass der Untergang des Mittagsschläfchens begonnen hat.
Karibik auf die Schnelle, seidener Jogginganzug,
Klassik im Freien, Lachs mit Pommes
und immerzu Volksmusik, und immerzu Volksmusik,
das wird wahrscheinlich bald vorbei sein.
Die Reise nach Sodom wirst du sicher stornieren müssen.
Du hattest doch immer eine Ausrede zur Hand.
Dein „Bettler“ war doch immer ein falscher Bettler.

Das sieht man doch, hast du gesagt, dass der Bart
angeklebt ist.
Das sieht man doch an der ganzen Haltung.
Der hat doch bestimmt zu Hause stundenlang vorm
Spiegel geübt,
wahrscheinlich hat er um die Ecke sogar 'nen dicken
Wagen stehn.
Das sieht man doch, hast du gesagt. Begingst
Bettlerflucht.
Doch diesmal wirst du nicht weit kommen.
Ein schmutziger Himmel wird wie ein Zirkuszelt über
dich fallen,
und du strampelst darin wie eine alte Fliege im
Spinnennetz.
Du wolltest nicht mit allen Lebewesen gleich sein.
Du wolltest immer ein bisschen mehr als alle haben
und du wolltest nicht mal deine überflüssige Habe mit
vielen teilen.
Du hast mitangesehen, wie Kinder und Tiere in
Mülltonnen geworfen wurden.
Du bist nicht aufgestanden
und hast deinen gewählten politischen Damen und
Herren auf die Finger geklopft,
die Türen eingerannt, sie angefleht, der Grausamkeit ein
Ende zu bereiten.
Du hast nur immer so getan, als wüsstest du von nichts.
Doch alles wusstest du, alles, von morgens bis abends,
und in der Nacht kamen die Bestien und vergewaltigten
die Frauen,

und du hast nur gedacht: Wie furchtbar.
Hast nicht gesagt: Das ist auch meine Schuld.
Bist nicht herumgelaufen und hast gesagt: Macht ein
Ende!
Ich übrigens auch nicht.
Ich übrigens auch nicht,
bin auch nicht herumgelaufen und hab gesagt:
Macht ein Ende!
Und es ist auch meine Schuld.
Drum los, mein ich manchmal, kommen wir noch mal
auf die Beine,
versuchen wir's noch mal, versuchen wir es noch ein
einziges Mal
mit unseren wirklich kleinen Waffen, mit unseren
winzigen Mitteln,
mit Wort und Lied, mit Dialog und Dialektik,
dass aus dem Weinen vielleicht wieder Lachen wird,
Trost und Versöhnung,
ein neues Kapitel
kann auch ein erstes Kapitel sein,
Menschenskind.

Und wenn ich auch nichts mehr hörte
von all diesen furchtbaren Reden und schnellen
Begierden
und eitlen Lügen und falschen Beweisen
und all dem geschichtlichen Zeugs aus Brunst und
Bestechung
und wollte mich in mein Gehäuse verkriechen,

schweigend und schwierig im Umgang,
und nichts mehr singen und sagen
– Gott sitzt in einem Kirschenbaum und ruft die Jahreszeiten weiter aus.
Er träumt mit uns den alten Traum vom großen Menschenhaus.
Wir sind die Kinder, die er liebt.
Mit denen er von Ewigkeit zu Ewigkeit
das Leben und das Sterben übt.
Er setzt auf uns, er hofft auf uns,
dass wir aufstehen,
dass wir seine Revolution der Liebe verkünden,
von Haus zu Haus, an die Türen nageln,
heiß in die Köpfe reden, in die Herzen versenken,
bis die Seele vielleicht wieder ein Instrument der Zärtlichkeit wird
und die Zärtlichkeit musiziert und triumphiert
und die Zukunft leuchtet.
(aus Programm: Ein neues Kapitel)

Kapitel 6

Selig sind die Freundlichen

Wenn die Krieger kommen
Lock sie aufs Dach der Taube
Lock sie ins Nest der Schwalbe
Lock sie in die Höhle der Löwin.
Lock sie in den Wald der Rehe.
Geh ihnen entgegen mit offenen Händen,
Voll Brot und Salz, Obst und Wein,
Dass sie sich verlaufen
Im Knüppelholz deiner Tugenden.
Dass sie sich verirren
Im Labyrinth deiner Freundlichkeit.
Mach sie Staunen,
Beschäme ihre Generäle und Präsidenten,
Lass ihre Handlanger ins Leere laufen.
Sei eine Tiefebene voll Höflichkeit.
Dein Gewehr sei die Klugheit.
Deine Kraft sei die Geduld.
Deine Geschichte sei die Liebe.
Dein Sieg sei dein Schweigen.
So dass sich die Landpfleger sehr verwundern.
(aus: Meine Bibel)

„Jesus aber stand vor dem Landpfleger; ... da sprach Pilatus zu ihm: Hörst du nicht, wie hart sie dich verklagen? Und er antwortete ihm nicht auf **ein** Wort, so dass sich der Landpfleger sehr verwunderte."

Die Erzählung aus dem Matthäus-Evangelium, Kapitel 27, gehört – neben dem Hohen Lied der Liebe aus 1. Korinther 13 – zu den zwei biblischen Lieblingstexten von Hanns Dieter Hüsch.

„Und diese Stelle ist für mich hochpolitisch: Jesus guckt durch den Pilatus hindurch und antwortet nicht, weil er sich wirklich – nehmen wir mal ein modisches Wort –: schon auf einem ganz anderen ‚Trip' befindet. Und der Pilatus ist immer noch mit seinen Feldzügen und seinem Amt beschäftigt, aber der Jesus hat ihn längst durchschaut. Doch die Welt in einer solchen Weise hinter sich zu lassen, das ist natürlich eine Stufe, die wir gar nicht erreichen können, nicht wahr ... Denkt man ja oft."

Hüsch zitiert Jesu Verhalten vor Pilatus in seinem Gedicht über die Feindesliebe, das er „Persönliche Empfehlung" genannt hat. Die Krieger Staunen machen, ihnen mit offenen Händen entgegen gehen, sie durch Freundlichkeit entwaffnen? Schweben diese Bilder nicht auch in Sphären, die wir niemals erreichen können? Der Poet ist unsicher:

„Das ist ein ganz schwieriger Text. Der ist ja auch von vielen Leuten sehr angegriffen worden, weil er einfach zu utopisch wäre, und das würde kein Mensch machen. Natürlich sind es Bilder, aber ich meine trotzdem, wenn da steht: ‚Sei eine Tiefebene voll Höflichkeit!', nicht wahr, dann ist das doch eine ganz wichtige christliche Tugend, die Höflichkeit."

Und nach einigem Nachdenken geht er noch einen Schritt weiter:

„Nein, für mich ist der Text eigentlich gar nicht utopisch. Obwohl unsere Welt natürlich bitter ist, sie ist dunkel, sie ist aggressiv, sie ist rüde, sie ist roh. Und ob man das alles immer so tun kann, was ich da gesagt habe, das weiß ich nicht. Aber das Gedicht beschreibt eben schon die Haltung eines Christen. In einem furchtbar kitschigen amerikanischen Schinken spielt der Richard Burton einen Reverend, der ein Internat leitet. Einer seiner Schüler ist der Sohn einer allein stehenden Frau. Und diese Frau und der Reverend verlieben sich allmählich. Doch einmal kommen die beiden in ein Streitgespräch. Sie wirft ihm vor, dass er doch sehr aufmüpfig und angriffslustig sei. Und daraufhin sagt er einen wahnsinnigen Satz, wie ich finde. Er sagt: ‚Nein, Gnädige Frau! Sie irren sich! Wir sind nicht die Löwen, wir sind die Christen.'"

War das eine Antwort auf die Frage oder nur die Flucht in eine schöne, weitere Geschichte? So ist es mir oft ergangen bei meinen Gesprächen mit Hüsch: Gerade hat man versucht, die „präzise Geisteshaltung", die „klare Meinung" hinter seinen poetischen Metaphern zu erfragen, da schlägt sich der Kabarettist auch schon mit einem kurzen Haken seitwärts in die Büsche und kommt mit einem neuen Bild wieder heraus, um das vorherige zu illustrieren.

„Ich lasse die Dinge gern in der Schwebe", sagte der Kleinkünstler einmal über sich selber.

„Genauigkeit ist eine Form von Unhöflichkeit, heißt es bei den Chinesen. Ganz anderer Kulturkeis. Interessant, nicht wahr?"

„Dein Gewehr sei die Klugheit, deine Kraft sei die Geduld, deine Geschichte sei die Liebe!" Hüsch hat dieses Gedicht 1981 geschrieben („Das neue Programm"), mitten hinein in die kontrovers geführte Diskussion um den Nachrüstungsdoppelbeschluss der NATO vom Dezember 1979 und den heftigen Protest der Friedensbewegung gegen die geplante atomare Aufrüstung. Und während seine Freunde mit Transparenten politische Maßnahmen fordern, sitzt Hüsch auf der Bühne, nur eine laut tickende Uhr neben sich und empfiehlt seinen Zuhörern: „Beschäme ihre Generäle und Präsidenten, lass ihre Handlanger ins Leere laufen!" Seine poetische Paraphrase von Jesu Worten aus der Bergpredigt: „Ich aber sage euch: Liebt eure Feinde, segnet, die euch fluchen, tut wohl denen, die euch hassen, bittet für die, die euch beleidigen und verfolgen" (Matthäus-Evangelium, Kapitel 5, Vers 44).

Was ist das für eine nebulöse, realitätsfremde Haltung, fragen diesmal seine Freunde aus der Friedensbewegung. Was soll dieser Pazifismus schöner Worte? Hüsch ist kein Mahatma Ghandi und kein Martin Luther King, kein politischer Macher oder praktischer Reformer. „Konkretion" und „Handlungskonzepte" auf „gesamtgesellschaftlicher" Ebene überlässt der Kabarettist lieber anderen.

Kann man mit der Bergpredigt Politik machen? Die Frage ist fast so alt wie das Christentum. Der evangelische

Ethiker Martin Honecker hat Jesu Gebot der Feindesliebe und seine anderen utopisch anmutenden Forderungen einmal „eine fundamentale Infragestellung der Welt" genannt. Die Bergpredigt sei „Kontrastethik, vom Anbruch des Gottesreiches her formuliert, das anders ist als die Welt" (Einführung in die theologische Ethik, 1990, 278f.).

In diesen Kontrastbildern der Bergpredigt hat sich Hüsch stets zu Hause gefühlt. Seine Poesie des Friedens ist mehr als sentimentale Tagträumerei. Sie hat prophetische Qualität. Und er hat sie immer wieder gebraucht, um seinen Einspruch im Namen der Liebe gegen die politische Wirklichkeit zu formulieren. Schon 1955, dem Gründungsjahr der Bundeswehr und dem Beginn der deutschen Wiederbewaffnung, meldet Hüsch seinen Protest an:

Sie sagen Idealismus ist ein Intelligenzdefekt
Ich glaube es nicht
Sie sagen
die Bergpredigt wäre nicht so gemeint
Ich glaube es nicht
Sie sagen
Du sollst nicht töten ist so zu verstehn, dass …
Ich glaube es nicht
Sie sagen
Bei etwas gesundem Menschenverstand
müsste doch jeder …
Ich glaube es nicht
Sie sagen
Selbst Christus würde, wenn er heute …

Ich glaube es nicht
Und wenn man mir Berge
schwarzen und roten Goldes verspricht
Ich glaube es nicht
(aus: Das Schwere leicht gesagt)

Der Privatmann Hüsch kann sich in den 80er-Jahren durchaus engagieren in Gruppen und Aktionen der Friedensbewegung, der Kabarettist schreibt: „Frieden fängt beim Frühstück an." Hüsch bleibt an der Seite der ganz konkreten, so genannten „kleinen Leute" mit ihrem kleinen Alltag in den meist zu kleinen Küchen. Den abstrakten Feindbildern hat er seinen poetischen Privat-Krieg erklärt und singt nach wie vor: „Guckt doch diesen Menschen einmal richtig ins Gesicht! Mehr will dieses Liedchen nicht."

„Ich kann aus Feinden Freunde machen!" hat er einmal selbstbewusst gesagt. Und just in dem Moment, als man seinen „Pazifismus der Individuen" als ehernes Prinzip des Hanns Dieter Hüsch sauber und ordentlich in die Schublade stecken möchte, überrascht er mich im Gespräch mit einem gänzlich unpassenden Gedanken:

„Aber wir sind eben doch alle Menschen. Und es gibt so Momente – ich weiß nicht, ob Sie die haben –, wo ich plötzlich sage: ‚Also, da würd ich fast die Todesstrafe einführen'; und sofort mich erwische und sage: ‚Hüsch! Ausgerechnet du …' – Ich äußere so etwas nicht! – ‚… denkst so was!'"

Eine seltsame Szene. Während Hüsch ganz leise für ihn derart Ungeheuerliches formuliert, beginnen drüben die

Glocken von St. Martin zu läuten und mischen sich mit seinen Worten in der kleinen Wohnung.

„Wenn ein ganz grausamer Sexualmord an Kindern oder Unschuldigen verübt wird, nicht wahr. Oder wenn das meiner Tochter, als sie kleiner war, angetan worden wäre ... – da hab ich mir Geschichten ausgemalt, Sie können sich das nicht vorstellen! Da wär ich auch mit der Pistole in den Gerichtssaal eingedrungen und hätte den Mann, wenn es mir gelungen wäre, über den Haufen geschossen. Das sagt der Uraltpazifist Hanns Dieter Hüsch."

An dieser Stelle atmet Hüsch sehr lang und tief ein und fügt dann hinzu:

„Ich würd es wahrscheinlich nicht machen, wenn's drauf ankommt, aber der Gedanke kommt doch auf."

„Und ich habe ähnliche Gedanken auch in Bezug auf Serbien. Dieses Geplänkel!", redet er schon weiter. Wir unterhalten uns im Oktober des Jahres 1994. Und noch interessieren sich West-Europa und die USA nur äußerst verhalten für den blutigen ethnischen Krieg im ehemaligen Jugoslawien. „Deine Kraft sei die Geduld", hat der Uraltpazifist Hüsch einst empfohlen, nun ist er selber mit seiner Geduld am Ende:

„UNO hin, UNO her. Dann wieder diese Resolution, dann jene, dann wieder Sanktionen, dann keine Sanktionen, und immer mehr Menschen leben in Angst, und Kinder sterben, und Leute werden erschlagen, ermordet, getötet. Warum ist die Welt, warum sind die Weltorganisationen und der humanistische Westen oder wie immer man sie nennen möchte, da so ohnmächtig? Und manchmal hab ich den Wunsch: ‚Greift doch wirklich mal ganz hart durch! Und macht diesen Dingen ein Ende!' – ‚Wie?' wird man jetzt fragen. ‚Wie? Lieber Herr Hüsch?' Das weiß ich auch nicht. Aber wenn ich in den ‚Tagesthemen' dieses furchtbare Durcheinander sehe, dann kommen solche Gefühle doch auf."

Fünf Jahre später hat die NATO tatsächlich dreingeschlagen. Deutschland ist wieder im Krieg, angeführt von einem sozialdemokratischen Bundeskanzler und einem Außenminister von den „Bündnisgrünen", dem dafür mit einem Farbbeutel-Geschoss auf dem Bundesparteitag das Trommelfell verletzt wird. Die Zeit der einfachen „politisch korrekten" Positionen ist endgültig vorbei, die Friedensbewegung in kleine Grüppchen gespalten und wie die Kirchen zerstritten in ihren Haltungen zum NATO-Krieg gegen Milosevic.

„Oder sind die Menschen einfach noch nicht so weit?", fragt sich Hüsch schon im Oktober '94 und sucht händeringend nach Erklärungen für das ethnische Gemetzel.

„Sie wollen sich immer noch gegenseitig die Schädel einschlagen nur aufgrund dessen, weil ‚der andere da drüben damals doch ...' Das sind diese alten Vorgeschichten. Da bin ich ja ganz strikt gegen! Da heißt es dann immer: ‚Wissen Sie, wir machen das ja nur, weil die haben damals uns ... und dafür haben wir ihnen dann ... und natürlich nur deswegen ... das ist noch aus dem fünfzehnten Jahrhundert ...

da haben die nämlich ... und daraufhin mussten wir selbstverständlich das ...‘

Das mag ja alles sein, aber deswegen muss man doch heute keine Kriege mehr führen und Menschen töten! Ja?! Das wollen wir doch mal wegschieben.“

Die Menschen schieben die alten Vorurteile aber nicht weg, sondern schlagen weiterhin zu. Seinen poetischen Pazifismus, seinen Glauben an Sanftmut und Versöhnung hat Hüsch deswegen trotzdem nicht zu Grabe getragen, doch in seinem Programm „Ein neues Kapitel“ von 1993 geht er formal anders damit um:

„Ich kann zum Beispiel über Jugoslawien kein Gedicht mehr machen oder eine Conférence, geschweige denn ein Lied; das ist unmöglich“, erklärt er mir dazu.

„Früher hat man da große Poesie wie diese gemacht: ‚Im Jahre 2000 und 3 macht der Mond von sich reden und schickt jeden, der sich freiwillig meldet, zur Mondpolizei.‘“

Dort wird dann weitergemacht
Mond gegen Mars
Oder Mars gegen Mond
Wohl dem der dann auf dem Jupiter
Wohnt

Im Jahre 2000 und 3
Hat die Erde nichts mehr zu sagen
Nur noch vom Monde hört man direkt übertragen
Todes- und Hilfegeschrei

Denn dort wird dann weitergemacht
Die alte Geschichte vom Turmbau zu Babel
Von Habgier und Neid
Die alte Geschichte von Kain und Abel.
(von 1951, aus: Den möcht ich sehn)

„All diese Gedichte", meint Hüsch mit einem Schmunzeln, „die ich vor mehr als vierzig Jahren verfasst habe, und auf einmal steht das Jahr 2003 vor mir, nicht wahr. Das geht ja alles wahnsinnig schnell. Aber so wie damals kann ich diese Dinge nicht mehr beschreiben. Das ist keine Frage der Begabung, sondern: Ich schaff das innerlich nicht mehr. Wahrscheinlich habe ich deshalb in dem ‚Neuen Kapitel' solche kleinen nüchternen Statistiken mit Zitaten aus dem ‚Spiegel' eingebaut und zähle einfach auf: ‚In dreißig Ländern herrscht Krieg.' Oder wie viele Kinder schon in diesem Jahrzehnt getötet worden sind."

„Niemand darf der Folter
oder grausamer, unmenschlicher oder erniedrigender Behandlung
oder Strafe unterworfen werden",
Artikel 5 der Menschenrechte.
Kinder verhungern zu lassen, ist auch eine Form von Folter.
Immer mehr Kinder sterben im Krieg.
Sieben Pfennig, hab ich gelesen, retten ein Leben.
In dreißig Ländern der Erde herrscht Krieg, will man gar nicht glauben,

in dreißig Ländern.
Achtzig Prozent der Opfer sind übrigens Zivilisten.
Darunter immer mehr Kinder.
1,5 Millionen starben im letzten Jahrzehnt,
in Jugoslawien bisher 15.000.
Sieben Pfennig retten ein Leben.
(aus Programm: Ein neues Kapitel)

„Das ist ja nur eine ganz kleine Momentaufnahme, um den Leuten das wieder mal ein bisschen in den Hinterkopf zu bringen. Ich kann diese Dinge nur noch glasklar zitieren und sagen: ‚Kinder, hört euch das mal an! Ich weiß nicht, ob euch das was sagt oder ob euch das verändert oder ob euch das erschüttert. Ich muss es aber so sagen, und gleich sind wir wieder lustig.'"

Hüsch macht kein Programm über das Leben, er hat das Leben zum Programm gemacht. Er drückt der Wirklichkeit nicht den Stempel seiner vorgefassten friedfertigen Meinungen auf; er versucht, das kriegerische Leben abzubilden wie es ist, ohne dabei seinen Glauben an die Kraft der Liebe zu verlieren, denn diese Kraft ist in den Schwachen mächtig. Und darüber würde er sich gern mit uns allen näher unterhalten.

„Kennen Sie solche Gedanken auch? Und wie gehen Sie damit um? Sind Sie vielleicht ganz anderer Ansicht und woher kommt das? Wie fanden Sie Ihre Kindheit und was haben Sie letzte Woche so erlebt?" Das sind die Fragen des Hanns Dieter Hüsch. Das ist sein Thema: Widersprüchliche Menschen wie er selbst, wie Sie und ich und wie wir unser Leben bewältigen.

Mich interessieren eure Küchen und wie ihr die Teller spült
Wie ihr bei Suppe und Brot den Gang der Geschichte fühlt
Mich interessiert, wenn ihr haushoch verliert und geschlagen seid
Was ihr dann denkt und zu welchem Schritt ihr dann bereit
Mich interessieren die Menschen, die langsam zum Bahnhof gehn
Beim Abschied sich küssen und wissen, dass sie sich nicht wiedersehn
All diese Menschen halten sich immer an Menschen fest
All diese Abende mit dem gefährlichen Tagesrest
Darum, ihr Sterblichen, dank ich euch, dass ihr gekommen seid
Mich zu ermutigen weiterzumachen in grausamer Zeit
Mich interessiert eure Heiterkeit, ob ihr schon weiter seid
Weiter als ich
Das interessiert mich, das interessiert mich wahnsinnig.
(aus: Das neue Programm)

„Ich bin wohl der einzige Kabarettist, der mit dem Fundus seiner Kindheit wuchert und sich ganz offen preisgibt. Von mir wissen die Leute, wenn sie mich hören, am meisten. Von vielen anderen Kollegen wissen sie viel über Herrn

Blüm oder Herrn Kohl, aber nicht, wie es bei ihnen drin aussieht. Das wollen die auch nicht. Ich habe dies aber immer mit großer Freude mitgeteilt."

Was Hüsch im Gespräch mit den „Evangelischen Kommentaren" andeutet, hat sein Kabarett immer ausgezeichnet: der Dialog von Mensch zu Mensch. Da sitzt ein älterer Herr mit Hemd und Pullunder hinter seiner Orgel und erzählt aus seinem Leben, gibt persönliche Gedanken preis über Gott und unser aller Welt, plaudert dabei mit den Leuten, wie mit dem Nachbarn am Gartenzaun. Denn genau so fühlt man sich angesprochen. „Ich weiß ja nicht, wie Sie darüber denken ...", sagt er oder fragt in die Runde: „Haben Sie das auch schon erlebt?" Um dann selbst die Antwort zu geben. Seine Programme sind ein Gespräch mit dem Publikum, obwohl den ganzen Abend nur einer viel und schnell redet, nämlich Hüsch. Und die Leute sagen hinterher: „Sie müssen in unserer Küche gesessen haben. Woher wissen Sie das bloß?" Dabei jongliert er virtuos mit unterschiedlichen Stilen und Formen, plaudert aus dem heimischen Wohnzimmer, wechselt unvermittelt zu kunstvoller Poesie, streut einen Psalm ein oder einen Bänkelsang, wechselt spielerisch die Masken, ist mal Kind und mal Komiker, mal prophetischer Prediger, dann wieder tröstlicher Seelsorger.

Doch sein eigentliches Geheimnis ist dieses: Er sitzt zwar seinem Publikum gegenüber, leicht erhöht auf der Bühne, doch er redet niemals von oben herab. Die Leichtigkeit, mit der ihm das gelingt, gehört zu seinen Begabungen, um die ihn viele Pfarrer und Theologen beneiden.

„Wann waren Sie das letzte Mal zu Gast in der Kirche Ihres Ortes?“, würde Hüsch vielleicht an dieser Stelle fragen.

Hängt in Ihrer Kirche die Kanzel auch noch einige Meter über den Holzbänken für die Gemeinde? Und der Pastor schwebt zum Predigen zwischen Himmel und Erde über den Köpfen seines Publikums? Wie soll er da als Mensch zu Menschen reden? Warum setzen wir uns in der Kirche nicht einfach alle im Kreis und erzählen uns die Geschichten, die wir mit Gott erlebt haben oder leider noch gar nicht erlebt haben, von Zuversicht und Zweifeln, Alltag und Sonntag, und jeder kommt mal dran, auch der Pastor, und er darf uns dann auch einiges erklären, weil er lange studiert und viel gelernt hat über die Geschichten der Bibel und die himmlischen Dinge.

Ein wenig Kartoffelsalat
Ein kaltes Kotelett
Ein kleiner Friedhof mit Kapelle
Dann und wann fährt der Landarzt
Mit seiner alten Kutsche in unseren Hof
Und fragt
Wo wohnt hier Kerckhoffs Johanna
Da drüben rufen wir und laufen alle mit
Und erfahren von Kerckhoffs Wilhelm dass Kerckhoffs Johanna
Eine Frühgeburt hat
Ach du lieber Gott sagen wir alle
Aber es sei alles gut ausgegangen
Gott sei Dank sagen wir alle

Aber bitte keine Reden
Keine Rundbriefe
Und kein Kulturprogramm
Auf unserem Platz
Und kein Friedens-Varieté
Wir haben nichts dagegen wenn ab und zu
ein stellungsloser Pfarrer auftaucht und uns fragt
ob er unser Bad zur atomwaffenfreien Zone
Erklären könne
Nichts dagegen
Wir sind sogar dafür
Aber keine Reden bitte
Und keine Rundbriefe
Spaßig soll es bei uns zugehen
Spaßig traurig und schön
(...)
Aber keiner erhebt sich über den anderen
Oder erniedrigt sich unter den anderen
Keiner kommt auf den Gedanken
Er sei besser oder schlechter
Wichtiger oder wertloser
Als der andere
Und die kleinen Ferkel
Haben alle Namen
Und verlaufen sich ab und zu
Sogar in der Kirche
Und bringen den Organisten zur Raserei
(aus dem Text: Mein Testament,
in: Das Schwere leicht gesagt)

Der lebenskluge Theologe Henning Luther aus Mainz, inzwischen schon verstorben, hat für seine Fachkollegen einmal einen Aufsatz geschrieben mit dem Titel: „Schmerz und Sehnsucht. Praktische Theologie in der Mehrdeutigkeit des Alltags.“ Darin fragt er sich: Müsste die Kirche nicht noch viel sensibler werden für den Alltag und die Welt, in der die Menschen leben; für die vieldeutigen religiösen Erfahrungen, die sie dort machen? Ja, das sollte sie, meint Henning Luther, aber welche Sprache müsste die Theologie dafür finden und aus welcher Perspektive müsste sie dann reden über die Sache mit Gott?

Er antwortet:

„Statt der verallgemeinernden und vergröbernden Vogelperspektive wird sie sich in den ‚schrägen Blick von unten und von der Seite‘ einüben. (...) Das Kleine, Unscheinbare, Abweichende verdient verstärkt praktisch-theologische Aufmerksamkeit. (...) Dieser mikrologische Blick würde helfen, im Alltäglichen den Widerschein des Nicht-Alltäglichen zu erkennen.“

Interessant zu wissen, dass der Mainzer Henning Luther das Kabarett von Hüsch gut kannte, weil er genau das beschreibt, was der Niederrheiner in seinem Kabarett vormacht: den „schrägen Blick von unten und von der Seite“. Und weil Hüsch Seite an Seite mit uns über das Leben philosophiert, darum ist auch kein Detail zu winzig, kein Brötchen zu bedeutungslos und keine Idee zu fantastisch, kein himmlischer Einfall über Gott im Kirschenbaum zu abwegig, um nicht angesprochen zu werden. Wir dürfen ja noch unsere eigene Sicht der Dinge haben. Es war doch nur so eine Idee von Hüsch, nur ein kleines Erlebnis vom Rande, ein weiterer Gedanke, „die Kritik der reinen Vermutung", wie der Kleinkünstler mal gesagt hat.

Ich hab mich neulich mit einem jungen Journalisten unterhalten,
der hat mich dann gefragt, was ich denn dabei so empfände,
wenn die Menschen bei meinen Sprüchen so lachten und klatschten,
und als ich ihm dann sagte,
dass alle meine Erklärungen doch recht bieder und harmlos seien
und auch in erster Linie als Liebeserklärungen formuliert wären,
da wusste er nicht so recht.
(aus Programm: Ein neues Kapitel)

Die Liebeserklärungen an sein Publikum meint Hüsch ganz wörtlich: Er liebt sie wirklich, die Menschen, die sich fein gemacht haben, um ihn an diesem Abend zu hören. Und er liebt sie nicht nur, weil sie dafür Eintritt bezahlt haben, sondern weil jede und jeder sich selbst und seine Geschichte mitgebracht hat und wir alle im gleichen Boot sitzen. „Es ist mir eine Ehre, mich vor so viel Schicksal verneigen zu dürfen", sagt Hüsch schon mal zwischendurch und erklärt in seinen Liebeserklärungen dann noch so ganz nebenbei, was das ist und wie er sie versteht: die Liebe.

„Ich versuche eigentlich immer nur, Empfehlungen weiterzugeben. Ob das nun eine ‚evangelische oder katholische Lösung‘ ist, weiß ich nicht; jedenfalls will ich die Menschen ja zu nichts zwingen. Ich will ihnen nur sagen: ‚Interessiert euch doch mal mehr für den andern. Fragt ihn doch mal, wie's ihm geht und seht mal von euch ab.‘

Das habe ich lernen müssen. Ich hab das lange Zeit auch nicht gekonnt. Ich habe geübt, von mir abzusehen. Sie wissen, wir Künstler sind eitle Leute, wir reden furchtbar gern und wir reden auch gern von uns selbst, wie jetzt im Augenblick. Aber deswegen hab ich das gelernt, auch mal den andern zu fragen, wie's ihm geht und ihn mal erzählen zu lassen und ihm mal zuzuhören."

Viele blühen doch richtig auf,
wie ein Honigkuchenlipizzaner,
wenn man sie fragt, was sie denn so machen.
Wenn man sich für sie interessiert.
Und da können Sie mir sagen, was Sie wollen,
alle Menschen werden im Augenblick
ganz andere Menschen, wenn sie merken,
da ist plötzlich jemand, der oder die sich für das,
was ich so mache, interessiert.
Plötzlich sieht der ganze Tag völlig anders aus,
viel heller, obwohl es regnet.
Weil man auf einmal von sich erzählen darf.
Und dann muss man einfach zuhören.
(...)

Ich lasse mir oft von Leuten ihren Beruf haarklein erklären,
obwohl ich gar nichts davon verstehe.
Aber der andere erzählt mir dabei sein ganzes Leben.
Und ich sehe, wie er immer leidenschaftlicher wird.
Vor einer halben Stunde war er noch apathisch und verbittert
und seine kleine Frau saß ganz klein und schüchtern neben ihm.
Und jetzt sind beide nicht mehr zu bremsen,
und sie erzählen und erklären und beschreiben
und machen und tun,
bloß weil jemand gesagt hat:
„Wie geht es Ihnen?" und „Was machen Sie?
Erzählen Sie doch mal!"
Sie müssen das, meine Freunde, auch mal machen.
Auch wenn Sie nicht gleich sämtliche Völker der Welt erreichen.
Probieren Sie's mal aus.
Wenn Sie wieder einmal demnächst
hie und da in Gesellschaft sind, oder egal wo,
gehen Sie einfach mal
auf den Stillsten und die Schüchternste zu,
fragen Sie, was sie beide so machen,
dann lassen Sie sie erzählen.
Sire, geben Sie den Menschen ihre Bedeutung zurück!
Heute hier, morgen zwischen Moskau und Smolensk
und übermorgen auf der ganzen Welt.
(aus: Feine Komödien, feine Tragödien)

„Und mit meinen Programmen kann ich das auch“, findet Hüsch. „Da kann ich die Dinge in Bewegung setzen, da kann ich auch, sagen wir mal, zumindest die Spötter wieder so weit bringen, dass sie darüber reden miteinander, selbst wenn sie negativ darüber reden. Das macht ja nichts. Aber es wird geredet, und es entstehen Gespräche, es entstehen Diskussionen.“

„Kommt, reden wir zusammen“, hat Gottfried Benn geschrieben. „Wer redet, ist nicht tot.“ Auch so einer von den Sätzen, die Hüsch gern zitiert. Der Kabarettist vom Niederrhein ist ein gesprächiger Menschenfreund, und dann doch wieder ganz radikaler Skeptiker, erst versöhnlicher Humorist, dann kritischer Mahner. Die Mischung macht's, meint Hüsch und erzählt von seiner höchsteigenen „Tucholsky-Mixtur“, „der ja auch die rote Melodie und die Satiren über den norddeutschen Nationalismus geschrieben hat und daneben eben: ‚Wo kommen die Löcher im Käse her?‘ Und etwas Sentimentales wie ‚Mutterns Hände‘ oder auch was ganz Lyrisches: ‚In Japan ist alles so klein …‘ Und dann wieder zurück zu den bitterbösen Anklagen auch gegen die deutschnationale Justiz und all diese Dinge. Das ist meine Schule. Das hab ich gelernt.

Und ein solches Kabarett muss natürlich unterhaltsam gemacht werden. Das heißt nicht nur, dass die Leute sich ständig auf die Schenkel schlagen und brüllen und lachen, sondern dass es spannend ist, wie ein hochinteressantes Fußballspiel. Und das aber immer mit dem tiefen Unterton: Wir sollten uns wieder mal daran erinnern, dass wir soziale

Wesen sind. Wir zahlen ja auch Steuern dafür, dass wir zusammenleben. Der Staat ist ja nicht ein schwarzes Kästchen, das irgendwo in einer Ecke herumhängt, sondern das sind wir ja alle, das ist die Menschengesellschaft in Deutschland, jung, alt, klein und groß und dick und dünn und arm und reich. Und dass wir uns doch darüber klar werden müssen: Wenn jeder nur für sich auf seiner Schiene herumläuft und mit den Ellbogen operiert, dann wird diese Gesellschaft nicht mehr lange halten."

Nach dem Kommunismus kam ja der ethnische Hass.
Das wissen Sie vielleicht auch noch.
Zumindest haben Sie's gelesen.
Nach dem Kommunismus kam der ethnische Hass.
Warum?
Weil die Nationen von Zeit zu Zeit Geschichte, Mythen und Helden brauchen,
nicht wahr. Das ist verständlich.
Aber eigentlich beginnt ja jetzt erst die Geschichte des Kommunismus. Warum?
Weil ja demnächst erst
die Geschichte des Verzichtens und des Teilens wieder beginnt.
Nech. Das haben wir ja ein bisschen verlernt,
das ist ja nicht schlimm, um Gottes willen.
Das ist ja wie beim Fahrradfahren;
dann hat man vier, fünf Jahre nicht gefahren,
nach drei, vier Wochen kann man's wieder.
Und da werden uns sicherlich, könnt ich mir denken,

die Kommunen mithilfe der Volkshochschulen unter die Arme greifen,
da werden Abendkurse eingerichtet,
da werden Politsoziologen und Psychopädagogen ganz spielerisch mit uns üben:
„Wie lerne ich verzichten? Für Anfänger."
Also das ist wahrscheinlich montags, mittwochs, freitags, 20.30 Uhr, Raum 12,
„mo, mi, frei; bitte keine Wolldecke mitbringen".
Und Raum 12 ist nicht schlecht. Ich war da neulich noch.
Raum 14 wäre vielleicht 'n bisschen großzügiger gewesen,
aber da ist „Backen ohne Fett" drin.
Die gehn da auch nicht raus, die sind da schon seit Jahrzehnten drin,
übernachten da sogar.
Das sind sehr gute Leute übrigens, nee, nee, sehr seriös.
Die experimentieren sogar; die werfen immer Teig gegen die Wand
und gucken auf die Uhr, wie lang der Teig hängen bleibt.
Ich war neulich nochmal da, und ich sag:
„Komm, bleibt ihr mal in Raum 14, das ist euer Raum und da woll'n wir auch nicht ..."
Anfang Oktober wird wahrscheinlich der zweite Teil beginnen:
„Wie lernen wir teilen? Für Fortgeschrittene."
Auch wieder dieselben Referenten natürlich, aus pädagogischen Gründen,

und „mo, mi, frei, 20.30 Uhr. Raum 12".
Ja, was ich immer gesagt habe:
Wenn wir nicht werden wie die Landstreicher und die Obdachlosen
und uns nicht auf die Seite der gefolterten Kinder,
der geschlagenen Tiere stellen,
dann seh' ich sehr schwarz
für Jakobs Hochzeit und für Marthas Enkel.
(aus Programm: Ein neues Kapitel)

„Seit mehreren Jahren geht mir immer wieder der Satz im Kopf herum: Kunst muss helfen. In welcher Form, ist egal. Aber sie muss erheitern, sie muss den Alltag erleichtern, sie muss trösten, sie muss Anteil nehmen am Schicksal oder an den Geschichten der Menschen. Das muss sie schon. Auch wenn es Kleinkunst ist.

Sonst macht mir Kabarett keinen Spaß mehr. Man kann auch Blödsinn machen. Lachen hilft ja auch ungemein, aber man muss die Leute nicht ratlos entlassen.

Man kann ihnen ja sowieso nicht viel Rat geben, man ist ja auch nur ein Mensch, aber man darf sie nicht in eine noch tiefere Depression stürzen. Das darf man nicht machen, finde ich.

Und da gibt es ja einige Dinge, auch in der so genannten ‚großen Kunst', wo ich sage: Ja, alles schön und gut, und das mag auch wirklich Kunst sein, aber die ganz große Kunst ist für mich jene, wo ich herauslesen kann, dass da immer noch ein letzter Atem übrig bleibt. Ein letzter Atem, bei dem man denkt: Na, Gott sei Dank! Das tröstet mich, das macht mir

Mut, das gibt mir Ruhe, das macht mich geduldig und das lässt mich nicht bitter werden. Das ist für mich das Entscheidende."

Ja, was ich immer sage:
Das Ziel ist erreicht!
Selig sind die Freundlichen,
denn sie haben die meisten Feinde!
(aus Programm: Ein neues Kapitel)

„Man könnte meinen, ich sei der Freundlichste von allen, aber ich bin derjenige, der sich am meisten rechtfertigen und ständig verteidigen muss. Vielleicht liegt das daran, dass ich es in meinem Leben, bewusst oder unbewusst, niemandem recht gemacht habe", hat Hüsch schon 1988 einmal zu Protokoll gegeben (EvKomm 1988, 525).

Aber hat er nicht ganz im Gegenteil stets versucht, es *allen* recht zu machen, wenn er forderte, dass immer alle zu ihrem Recht kommen sollen? Oder ist seine „bedingungslose Freundlichkeit" vielleicht sogar eine Form der Feigheit vor der eigenen Meinung, die Angst davor, angreifbar zu werden, wenn man sich ganz auf eine Seite schlägt? Hat sich Hanns Dieter Hüsch mit seinem Plädoyer für eine schier übermenschliche Toleranz, mit seinem Wunsch „alle Unterschiede aufzuheben", gar in die Utopie geflüchtet und sich so den „bequemen Sessel zwischen allen Stühlen" ausgesucht? Der Kabarettist antwortet seelenruhig, aber seine Augen blitzen angriffslustig:

„Ja, ich sitze tatsächlich zwischen sehr vielen Stühlen, vielleicht sogar zwischen allen, aber der Sessel ist überhaupt nicht bequem!“

Den möcht ich sehn
der mir untersagt
mich mit einem Radikalliberalen
an einen runden Tisch zu setzen
Den möcht ich sehn
wie er festen Schritts auf mich zukommt
die Hände in den Taschen
und dann von oben runter
fließend zu mir sagt:
Mit wem sitzt denn du da
Feines Gesox was
Naja, du warst ja schon immer was Bessres
So täuscht man sich halt
Wechselst mal wieder das Hemd
wie mir scheint

Darauf gibt's nur eine Antwort:
Quatschkopf
Dieser Radikalliberale hier
ist mein Freund

„Die Freundlichen haben die meisten Feinde. Es ist wirklich so“, betont Hüsch lachend und wiederholt den Satz gleich noch einmal, als sei er nicht ganz sicher, mich schon überzeugt zu haben:

„Es ist wirklich so, glauben Sie mir! Da kriege ich ständig zu hören: ‚Der Hüsch kann's doch mit jedem! Der ist doch überall …'

Und ich kann es auch mit jedem, aber das ist ein falsches Wort dafür. Zunächst einmal gehe ich auf einen anderen Menschen zu und sage: ‚Ich bin nicht gegen dich! Wir müssen mal miteinander reden.' Und das wird dann von vielen schon so empfunden und mit diesem berühmten geringschätzigen Tonfall kommentiert: ‚Der kann's doch mit jedem.' Was ist daran schlecht?", fragt er zurück und zuckt provozierend ratlos mit den Achseln: „Was ist wirklich daran schlecht, dass ich's mit jedem kann?"

Den möcht ich sehen
der mir untersagt
mich mit einem Christen
an einen runden Tisch zu setzen
Den möcht ich sehen
wie er feinnervig mich beäugt
sich dann bei mir einhakt
ein paar Schritte mich entführt
und dann in seiner
hochgestochenen Suppe rührt
Du mit dem
Das halt ich für absurd
Dessen Bier schmeckt doch nach Weihwasser
Und nichts ist bewiesen
Die Kirche ist doch ein alter Hut
Was für alte Leute, wo man betet und greint

Darauf gibt's nur eine Antwort:
Deine Ansicht
Aber dieser Christ hier
ist mein Freund.

Gott, wie viel Jahre wünsch ich mir schon
einen alten großen runden Tisch
an dem alle und die verschiedensten Menschen sitzen
und einer davon ist der Hüsch

„Es ist ja nicht so, dass ich ein Opportunist bin oder dass ich mein Fähnchen nach dem Wind hänge. Was ich möchte ist: Zusammenleben! Johannes Rau hat gesagt: ‚Versöhnen statt spalten.' Das ist mein Ansatz, von dorther beginne ich, auf einen anderen zuzugehen. Aber doch nicht, um mit dem zu mauscheln und zu klüngeln, sondern um ihn kennen zu lernen, seine Meinung zu wissen und zu verstehen. Darum geht es doch. Und deswegen sitzt man dann plötzlich – das geht schnell – zwischen allen Stühlen."

Den möcht ich sehen
der mir untersagt
mich mit einem Erzdemokraten
an einen runden Tisch zu setzen
Den möcht ich sehen
wie er zunächst überlegt
dann aber doch mich anspricht
erst um den heißen Brei geht
dann aber doch zu verstehn gibt

ungeheuer enttäuscht zu verstehn gibt
Sie hatten ja schon immer eine Vorliebe
für gewisse Extreme
Schön, aber ich dachte mir,
wo Sie jetzt älter geworden sind
hätte sich das gelegt
Erstaunlich, gerade von Ihnen hätte ich das gemeint

Darauf gibt's nur eine Antwort:
Sie mögen Recht haben
Aber dieser Erzdemokrat hier
ist mein Freund

Den möcht ich sehen
der mir untersagt
mich mit einem Kommunisten
an einen runden Tisch zu setzen
Den möcht ich sehen
wie er auf mich zufedert
mir die rechte Hand auf die linke Schulter legt
und so richtig weit blickend
und fürsorglich zu mir sagt
Muss das sein
Sie können doch auch Ihr Bier woanders trinken
Haben Sie doch gar nicht nötig
und außerdem wird sich das sicher rumsprechen
Nicht dass ich stören wollte
Ich hab's nur gut gemeint

Darauf gibt's nur eine Antwort:
Vielen Dank
Aber dieser Kommunist hier
ist mein Freund

Gott, wie viel Jahre träume ich schon
den gleichen Traum vom gleichen Stoff
von Bruder und Schwester, Vater und Sohn
und einer davon heißt Schretzmeier
und ein andrer Oberhof
Und alle reden und trinken
essen und denken
nach Herzenslust und Gelüsten
mit Ausnahme der Faschisten

Den möchte ich sehen
der mir untersagt
dieses Lied öffentlich vorzutragen
Deshalb singe ich dieses Lied
und wollte das hier mal sagen
(1977, aus: Den möchte ich sehn)

„Ich könnte mir denken, dass der liebe Gott wohl noch mit mir vorhat, dass ich ein Instrument bin, welches in der Lage ist, die Menschen zuversichtlich zu stimmen", vermutet Hüsch im Gespräch und fügt hinzu:

„Das ist aber nur möglich, weil ich selber zuversichtlich bin. Es gibt einen schönen Vierzeiler von mir: ‚Kapitulation ja / Resignation nie / Optimismus ungern / Zuversicht immer.'

Durch das Wort ‚Kapitulation' steckt da natürlich auch das Eingestehen von Fehlern, Schwächen und Versagen mit drin. Und es gibt viele Menschen, die immer dann, wenn sie mal so einen bitteren, etwas düsteren Text von mir hören, gleich fragen: ‚Haben Sie resigniert?' – ‚Nö', sag ich, ‚warum?'

Weil da mal ein nachdenklicher Text gekommen ist, muss ich ja nicht resigniert haben. Aber das gehört mit dazu. Um die Zuversicht zur Sprache bringen zu können, muss man beides sagen, das Dunkle wie das Helle."

Alles, was zum Menschsein und Menschwerden gehört, soll seinen Platz haben in der Gedanken- und Lebenswelt des Niederrheiners. Das hat er schon vor Jahren testamentarisch verfügt und seinem Publikum bald darauf öffentlich zugänglich gemacht. Darum folgt hier noch ein zweiter Ausschnitt aus seinem „Testament“:

Wir haben nur eine Kirche
Aber da geht alles rein
Was nicht niet- und nagelfest ist
(...)

Einmal im Jahr
Kommt immer um dieselbe Zeit
Ein Landstreicher in unseren Hof
Und ruft: Hier bin ich wieder
Euer mit allen Wassern der Welt
Ungewaschenes Säugetier
Und dann brechen alle ihr Sparschwein auf
Und stecken ihm ein Fünf-Mark-Stück zu
Keiner weiß wie er heißt aber jeder will
Dass er im nächsten Jahr wiederkommt

Bei uns darf alles wachsen
Wir kennen keinen scheelen Blick
Das letzte Gras soll in unsere Stuben hineinwandern dürfen
Und es ist den Hühnern eine Ehre
Auf unseren Tischen herum zu flanieren
Das Lamm ist uns heilig
Es wird nicht geopfert

Sondern liegt auf dem Sofa
Und sieht allen Unzulänglichkeiten zu
In unserer kleinen Republik
Ein bisschen grün kann sie sein
Ein bisschen kommunistisch
Auch ein bisschen katholisch
Ein bisschen holländisch
Ein bisschen italienisch
Sie muss nicht aber sie darf

Das ist unser Geheimnis:
Dass man alles nicht muss
Aber alles darf
Und da man alles darf
Muss man nicht alles

So beschreibt der Protestant aus Moers seine Version „von der Freiheit eines Christenmenschen", über die sich auch schon Reformator Martin Luther geäußert hat und lange vor ihm der Apostel Paulus: „Alles ist erlaubt, aber nicht alles ist gut für euch" (1. Korinther 10,23). „Manchmal", sagt Hüsch, „brauche ich diese Bibelstellen, diese Erkenntnisse oder Empfehlungen, würde ich eher sagen. Es sind ja meistens Empfehlungen. Es heißt ja in den Zehn Geboten nicht: ‚Du darfst nicht töten!' Sondern es heißt ja: ‚Du sollst nicht töten!' Das bedeutet also: ‚Du mögest nicht töten!' Das ist an sich sehr raffiniert formuliert, nicht wahr. So dass man sagt: ‚Wir haben's dir empfohlen. Du kannst es aber machen, wie du willst. Du wirst nur hinterher sehen, was du davon hast ...' Das wäre jetzt die kabarettistische Analyse, die ich machen würde."

Und wem das bisschen zu wenig ist
Dem bringen wir allesamt ein pompöses Ständchen
Mit Kartoffelsalat und einem kalten Kotelett
Im Henkelmann
Aber keine Reden bitte
Und kein Kulturprogramm

(...)
Wir haben sogar eine Staun-Schule
In der Kinder Erwachsenen
Wieder das Staunen
Beibringen
(...)
Wir liegen nicht mit dicken Köpfen
Auf unseren Biertischen
Und schwatzen was von Utopie
Wir sind Utopie und sterben aus

Aber sonntags
Gehen wir noch einmal über die Felder
Mit allem drum und dran
Mit den Kindern den Gänsen und Kälbern
Den Hunden und Schweinen
Bis zum Horizont
Bis es nicht mehr weitergeht
Und dann drehen wir uns um

Und sagen
Da hinten
Da drüben
Da liegt unsere kleine Republik
Das ist unser Zuhause
Und wir laufen und laufen so schnell wir können
Als müssten wir an diesem Abend noch
Den Grand Canyon überqueren
In unsere Welt hinein
Die ihre Arme weit aufhält
Und uns alle umschlingt

Und dann wird noch mal ein Fest gefeiert
Spaßig traurig und schön

Einer singt: You are the sunshine of my life
Ein andrer singt: die Internationale
Und ein Dritter: Gloria in Excelsis Deo
Et in terra Pax hominibus

Und dann
Bin ich eingeschlafen
(aus dem Text: Mein Testament,
in: Das Schwere leicht gesagt)

Kapitel 7

Der liebe Gott in Dinslaken

Ich weiß nicht, ob Sie das wissen, dass ich ja neulich
– naja, es ist ja nun schon fast anderthalb Jahre her –
für ein paar Wochen im Himmel war.
Ich hatte ja den lieben Gott in Dinslaken getroffen,
und seine Schwester hat ja auch in Dinslaken eine kleine Wäscherei,
klein, aber fein, muss man sagen,
und der Mann von seiner Schwester, also sein Schwager,
der hat so eine Rückgratsache
und da ist er sehr oft bettlägrig,
da kommt der liebe Gott immer mal vorbei,
wenn er Zeit hat und gerade in der Nähe ist,
dann hilft er seiner Schwester, so im Laden hinter der Theke
oder fährt auch die Wäsche aus.
Und ich war an dem Tag gerade in Dinslaken und hatte frei, zufälligerweise,
ich weiß auch nicht, stand so auf der Neustraße auf der Höhe von „Schätzlein",
heute „Extra", – ja, das weiß ich von meiner Frau – und dann kam jemand auf dem Fahrrad mit Pletschkappe auf, Manchesterhose an,

also wie im Kohlenpott einer von der Schicht kommt, wunderbar,
hatte an der Lenkstange noch so eine schwarze Aktenmappe
und vorne auf dem Fahrrad einen Riesenwäschekorb,
und ich hatte den Eindruck, der ist sehr unsicher oder das Fahrrad ist nicht intakt,
ich hab keine Ahnung, er kam jedenfalls so auf mich zugefahren,
so halbwegs schwankend und ich stellte mich gleich in Positur.
Und es ist nichts passiert, kann ich gleich vorweg nehmen,
denn ich habe mich so hingestellt, dass wir beide uns festhalten konnten,
sonst hätten wir dann doch die Balance verloren, als er bei mir ankam.
Und da hat er gesagt: Das ist aber sehr nett von Ihnen und ich danke Ihnen sehr
und ich lade Sie mal in den Himmel ein, denn ich bin nämlich der liebe Gott.
Und da hab ich gesagt: Das kann ja jeder sagen!
Und da hat er gesagt: Das sagt auch jeder!
Ja, hat er wirklich gesagt.
(aus Programm: Wir sehen uns wieder, 1999)

„Das ist natürlich eine ganz subjektive Geschichte."

Hüsch lächelt verschmitzt. Wir sitzen in seinem kleinen Ein-Zimmer-Appartement und reden über sein Programm

„Ein neues Kapitel“, uraufgeführt im Jahr 1993. Da hat der Poet vom Niederhein zum ersten Mal zugegeben, dass ihm der liebe Gott in Dinslaken über den Weg gelaufen sei.

„Und jeder wird sagen: ‚Jaaa, Sie haben sich da Ihren Gott zurechtgefummelt, Herr Hüsch. Und das ist ja alles schön und gut, aber ich hab auch meinen Gott, und Herr Meier und Herr Müller haben auch ihren Gott‘, und so. Aber es gibt ja doch nur einen einzigen, und das ist vielleicht ein Versuch von mir, diesen einzigen Gott darzustellen, wie ich ihn mir vorstelle.

Er hat jedenfalls kein langes weißes Hemd an; er hat auch keinen langen weißen Bart, sondern, ja, sieht schon ein bisschen wie ein Denker aus. Er ist vor allen Dingen nicht witzig! Ich mag dieses Wort fast schon nicht mehr. Es gibt doch Pastoren, die auch deswegen sehr beliebt sind, weil sie so witzig sind. Das ist er nicht. Er ist eigentlich eher freundlich und lacht sehr gerne; das ist keine Frage. Und sehr spöttisch ist er auch.“

Und dann hat er aus seiner kleinen Aktenmappe so
einen kleinen Flachmann rausgeholt
und wollte mir einen Korn anbieten.
Nee, nee, das ist ein bisken früh, also danke schön!
Kommt noch, kommt noch! sagt er dann, nicht wahr.
Und dann sagt er: Ich lad Sie mal in den Himmel ein.
Ich schreibe Ihnen, ich lass Sie auch abholen, Sie
brauchen gar keine Angst haben,
Sie werden gar nichts merken davon.

Jedenfalls ist er dann auf sein Fahrrad gesprungen und
ist weggefahren.
(aus Programm: Wir sehen uns wieder)

„Er muss fast gedankenlos sein. Das ist wohl eine ganz musikalische Erklärung jetzt, die sehr schwierig zu begreifen sein wird. Aber er ist für mich die versammelte Großzügigkeit, die versammelte Liebe, es bedarf eigentlich keines Wortes mehr. Alle werden geheilt und gesegnet, und es ist eine Zufriedenheit da, weil plötzlich alle merken, was an Geschichte und auch an Politik, an Philosophie und an Gesellschaft plötzlich von ihnen abfällt – auch an Krankheit natürlich. Aber durch den Glauben und durch die Liebe zu Gott. Und der bringt das alles fertig. – Ich kann nicht so sein. Also, insofern ..." Hüsch macht eine Pause, schaut ein Loch in die Luft, dann sagt er lachend:

„Ich wäre gerne so. Das ist mein Gottesbild. Das ist natürlich ganz dumm, subjektiv und privat, aber so wie ich gerne wäre, so stell ich mir den lieben Gott vor."

Ich dachte, das ist so ein Unikum, so ein Original,
die gibt's ja in jeder Stadt, nicht wahr.
Aber nach acht Wochen bekam ich tatsächlich aus dem
Himmel einen Brief:
In der Erinnerung an unser nettes kleines Gespräch in
Dinslaken,
möchte ich Sie noch einmal schriftlich einladen.
Sie sollen mir nämlich nicht jeden Tag, aber so alle zwei,
drei Tage

auf Abruf ein paar Geschichten unterhaltender Art, hat
er wörtlich geschrieben,
in Anführungszeichen: „unterhaltender Art“, vorlesen.
Und ich hab zurückgeschrieben: Ja, ja das würde ich
ganz gerne machen.
Ich hätte nur den Wunsch, quasi als Entgelt,
er müsse mir dann ab und zu meine Lieben zeigen,
die alle schon hier oben im Himmel sind,
die würde ich gerne wieder sehen, und wie es ihnen
geht und wie sie leben
und wo sie wohnen und ob sie sich an mich erinnern,
also, das würde mich schon interessieren.
Das hat er dann auch gemacht, wunderbar, nicht wahr.
(aus: Wir sehen uns wieder)

Und Hüsch hat aus seiner Reise in den Himmel ein dickes Buch gemacht: „Wir sehen uns wieder. Geschichten zwischen Himmel und Erde“ (Kindler, 1995). Bis heute erzählt er bei seinen Auftritten Episoden dieser himmlischen Begegnungen, so auch in dem aktuellen Programm, das den Titel des Buches trägt: „Wir sehen uns wieder“.

Und dann hat er mir im Himmel einmal zwischendurch
gesagt:
Du, wir haben hier oben ein Café Pilatus,
da gibt es eine hervorragende Gemüsesuppe,
da sitzt der Jesus öfter und spielt Mühle, kannste ja mal
hingehen

und kannst dich mit ihm über Gott und die Welt unterhalten.
Hab ich auch gemacht und ging einfach an seinen Tisch und setzte mich.
Und er sagte: Wie geht's? Ließ dann meist sofort Tee und etwas Gebäck bringen.
Und die großen Wunden an seinen Händen waren kaum noch zu sehen.
Manchmal rauchte er eine Zigarette und sagte:
Ich rauche eigentlich nicht, aber wenn mir die Nichtraucher zu militant werden,
dann irritiere ich sie und blase ihnen den Qualm ins Gesicht.
Ich bin sonst ja gegen jede Form von Militanz und Fanatismus,
und Raucher verteufeln, heißt noch lange nicht: gesund sterben.
Aber da ist ja ein großes Problem,
da gibt es Krankheiten, die wir nicht gekannt haben
und die uns jetzt natürlich überall vorgeworfen werden,
nicht wahr, wir haben die Natur eingeführt, das ist richtig,
und sie hat sich dann selbständig gemacht und uns nur die Seelen übrig gelassen,
aber über den Leib macht sie sich her, wie es gerade kommt,
und wie sie es gerade braucht,
und wer ist schuld?
Der liebe Gott natürlich, der ist ja immer an allem schuld.

So ist es mit den großen Seuchen und mit den großen Kriegen,
und jeder weiß es besser,
und keiner holt sich mal einen freundschaftlichen Rat,
und so taumeln wir – alles wissend und alles kennend – in die Katastrophen hinein.
Es gibt Menschen, die sagen, ich soll mich da raus halten,
und allmählich kümmern wir uns ja nicht mehr darum,
bzw. wir erwarten und wir versprechen uns nichts.
Wir machen hier oben unser Schrebergarten-Christentum
und kommen ganz gut zurecht damit,
wir bereden niemanden und wir agitieren niemanden,
wir setzen keinen mehr unter Druck,
wir sind ganz einfach freundliche Tote
und leben unseren Frieden ohne großes Programm
oder – wie heißt das furchtbare Wort bei euch auf der Erde? –
ohne große Weltanschauung,
leicht, liebenswürdig, ohne irgendeinen irdischen Zwang,
ohne Anspruch und Geschmacksdiktatur.
Es gibt zum Beispiel bei uns, sagte er,
keine Altersweisheit und keine Jugendsünden,
wenn schon Weisheit und Sünden, dann immer
und nicht nur am Anfang und am Ende.
Wir lieben den Verlierer und wir bitten den Gewinner,
dem Verlierer zu helfen,
wir sind alle durch den Tod gegangen,
und haben eine andere Klangfarbe bekommen,

aber das, was wir denken und fühlen, erfahren und wissen,
ist gar nicht so neu, das gibt es in allen Religionen.
Wir möchten uns nur keine Uniform anziehen,
sondern eigentlich unauffällig und umstritten bleiben,
das war immer so und das wird auch in den nächsten tausend Jahren so sein.
Umstritten, sagte ich, was heißt denn das?
Liebe sagte er, das heißt wirklich Liebe,
aber nicht Friede, Freude, Eierkuchen,
das schafft kein Mensch und auch kein Gott.
Aber Gottes Liebe ist doch allumfassend, sagte ich.
Das stimmt schon, sagte er,
aber mein Vater hat auch dunkle Stunden,
und dann weiß er nicht, an wen er sich wenden soll.
Du kannst dich an den lieben Gott wenden oder an mich, sagte er,
aber wir haben niemanden, wir haben niemanden.
Den Heiligen Geist, sagte ich,
Aber der ist ja nicht immer da, sagte er sehr spöttisch,
der ist nicht immer da.
Jesus von Nazareth sagte,
dass der Heilige Geist nicht immer da sei.
Das war für mich alles, muss ich Ihnen sagen,
völlig neu und aufregend.
Und ich war eine Zeit lang gar nicht mehr Herr meiner Sinne.
(aus Programm: Wir sehen uns wieder)

„Ich möchte schon, dass der liebe Gott mit uns lebt und mit uns Anteil nimmt und mittendrin in unserer Geschichte steckt und selbst davon wirklich betroffen und enttäuscht und traurig ist und manchmal nicht weiß, wie er's machen soll. Und wir, die guten Willens sind, sind bereit, ihm dabei zu helfen, was auch wieder schwierig ist, denn wir wissen ja auch nicht, wie es geht. Aber wir wissen eben, dass es eine Tugend gibt von Nächstenliebe, von ‚Liebe deine Feinde!', von ‚Geh auf den andern zu!' Das wissen wir doch alles von ihm.

Nun kann man natürlich sagen: ‚Als Humanist kann ich das auch, mit Liebe und mit Menschlichkeit und so ... Da muss ich nicht den lieben Gott bemühen.'

Ist ja auch alles richtig. Aber mir ist das über den Weg gelaufen. Ich kann's nicht ändern. Und ich bin froh, dass es bei mir so gekommen ist."

Ich möchte weiterhin nicht verhehlen
Was mein Ohr aufgenommen hat
Nämlich, dass das Eine schon
Aber das andere weniger …
Oder umgekehrt:
Dass Gott schon
Aber Kirche überhaupt nicht …
Oder Kirche: Ja, aber anders
Jesus auch, aber dann weniger Gott
Und Kirche? Neinnein …
Schon Glaube, schon Glaube,
Aber, aber mehr in der Natur
Also, überall ist Gott
Kaktus, Hering und Libelle
Aber auch zeitweilig Mariechen
Also, Mutter, Sohn und Heiliger Geist
Nicht wahr
Gott? Gerne, gerne
Aber nicht den ganzen Tag
Kirchenchor auch, Gott, ja
Jeder Gott ist anders, nicht wahr.
Nur der eine nicht.
Aber keine Kirche bitte, kei…
Danke schön!
Neinnein, dass …, dass da was ist
Das schon,
Das …, das spürt man ja auch
Das spürt jeder,
Aber muss ich nicht, neinnein

Finde ich …
Also, muss ich das?
Nein, muss ich nicht. Nein
Buddha find ich auch gut
Also, morgens zum Beispiel Buddha
Und abends Christus
Einfach mehr Gesang und Vertiefung
Aber keine Steuern, keine Steuern
Jesus schon, aber …
Eigentlich immer schon,
Ja, dass das …
Dass das eine reine Glaubenssache …
Wie bitte?
Mit dem Grab?
Also, für mich persönlich
Ist ja Gott schon
Aufgeklärt
Eine aufgeklärte Persönlichkeit
Sowieso
Jedenfalls
Und Jesus ist für mich
Eine rein geschichtliche Figur
Da brauch ich keinen lieben Gott zu
Nein, das geht bei mir direkt
Direkt
Und keine Kirche
Da kenn ich nix
Aus …?
Nein, austreten, nein

Aber weniger wäre mehr
Schon Glaube, schon Glaube
Aber – wie gesagt –
Mehr in der Natur
Käfer, Krabbe und Kaninchen
Mein Ohr wächst langsam zu
Wie bitte?
Mein Ohr wächst langsam zu
Sage ich
Ach so
Ja, weiß nicht mehr
Wo es hinhören soll
Das Ohr
Überall höre ich
Käfer, Krabbe und Kaninchen
Mehr Gott und weniger Kirche
Auf dem Kerbholz
Noch weniger
Und mehr das
Und weniger dies
Und ich bitte den Ober
Um die Rechnung
Weniger Essen, denk ich
Und mehr Trinkgeld
Nicht wahr,
Mehr Ruhe
Und weniger Menschen
Es ist dir gesagt,
Was gut ist

Und das
wäre gut.
(aus Programm: Hallo, Ihr Säugetiere,
Ev. Kirchentag, Hamburg)

Rückblende: In den 50er-Jahren bereist Hüsch noch mit seinem Kabarett-Ensemble „Arche Nova" die Republik, gastiert auch häufig in der Schweiz. Auf Einladung des Gefängnis-Pfarrers Martin Schwarz geben sie mehrere Vorstellungen in der Baseler Justizvollzugsanstalt. Daraus resultiert ein weiterer Kontakt:

„Martin Schwarz ... brachte uns mit Karl Barth, dem großen Theologen, zusammen, der kein Programm der Arche Nova versäumte und seinen Christenmenschen manchmal empfahl, den Kirchgang auszulassen und dafür in eine Matinee der Arche Nova im ‚Fauteuil' zu gehen", schreibt Hüsch in seinen Erinnerungen (Kindler 1990, 268).

„Karl Barth ist uns nicht in erster Linie wegen seiner theologischen Arbeiten aufgefallen", ergänzt Hüsch im Gespräch, „sondern weil er ein so ungeheuer humoriger Mann mit einer gewaltigen Ironie war. In seiner Sprache lag so viel Dialektisches, das heißt, man merkte immer, er ist sich zwar sicher, aber er verkauft es immer so, als wenn er sich nicht ganz sicher wäre und man da noch mal länger drüber reden müsste. Mich beeindrucken immer so ganz alte Männer – ich bin ja nun auch nicht mehr der Jüngste –, aber solche Männer wie Barth, wo ich merke, was da für ein Wissenskern ist; wo einer zwar mit Abstand und Distanz, aber immer noch mitten drin in der Gesellschaft ist mit seinen Gedanken."

„Er lud uns jedes Mal zum Kaffeetrinken ein", notiert Hüsch, „und machte uns dann mit hin- und hergezogener Wange akustisch ‚Enten im Schlamm' nach, ein Kleinkünstler unter den Theologen."

Der Sprachmusikant vom Niederhein trifft einen der bedeutsamsten protestantischen Dogmatiker des 20. Jahrhunderts, den Motor der „dialektischen Theologie".

Schon zu Zeiten, als „Gott mit uns!" in die Koppeln der Soldaten eingraviert stand, wehrte sich Karl Barth gegen die Vereinnahmung Gottes für menschliche Ziele, Reich und Vaterland. „Gott ist der ganz andere!" lautete Barths Kampfparole. Anders gesagt: In Gottes Namen die Waffen einer Nation zu segnen, in seinem Namen ein reinrassiges „deutsches Christentum" auszurufen, ist Gotteslästerung. Wer versucht, Gott zum Heeresführer oder blonden Arier zu machen, der kann sich genauso gut ein goldenes Kalb basteln, um es anzubeten; der verehrt ein totes „Götzen-Bild", über das der lebendige unfassbare Gott nur müde lächeln wird.

Nein, meinte Barth, wir könnten aus unserer Erfahrung heraus gar nichts über Gott sagen und müssten doch von ihm reden, weil er sich in Jesus Christus gezeigt und die Spielregeln dieser Welt grundlegend verändert habe. Wir müssten beispielsweise mal darüber reden, was es für uns bedeutet, wenn Jesus im Johannes-Evangelium sagt: „In der Welt habt ihr Angst; aber seid getrost, ich habe die Welt überwunden." In Jesus Christus habe Gott end-gültig gezeigt, wer er ist und wie wir es mit ihm zu tun bekommen. Das sei das Thema der Theologie, das Bekenntnis der Christen und ihre Messlatte für alles, was Menschen so fabrizieren: Jesus ist der Herr der Welt und nicht ein Herr Hitler, ein Herr Stalin oder sonst einer der so genannten Herren der Welt, wie sie kommen und gehen.

Gott zeigt sich und handelt und bleibt doch zugleich der unverfügbare „ganz Andere".

Ein spannungsvoller, aber vergleichsweise winziger Gedankensplitter aus dem gewaltigen Denkgebäude von Karl Barth, der später noch eine mehrere tausend Seiten dicke „Kirchliche Dogmatik" geschrieben hat.

Es ist sicher nicht abwegig zu behaupten, dass selbst unter den Theologen die wenigsten dieses opulente Opus ganz durchgelesen haben. Hüsch übrigens auch nicht, aber bei seinen vielen Auftritten und Verpflichtungen sei ihm das verziehen.

Trotzdem reizt mich natürlich die Frage: Was hätte wohl der Mozart- und Kabarett-Fan Karl Barth zu den hüschigen Begegnungen mit dem lieben Gott in Dinslaken gesagt? Mit dem Schöpfer der Welt auf Du und Du? Wo bleibt denn da der „ganz andere" Gott, der mit unserem Denken nicht zu erfassen ist, weil er unser Vorstellungsvermögen sprengt?

Hüsch gibt sich ahnungslos:

„Ja, das ist Theologie, und es ist auch sicher wissenschaftlich richtig gefragt, aber ich bin ein Privatmann und bin eigentlich – da muss ich wirklich jetzt mal tiefstapeln – ein kleiner, niederrheinischer Beamtensohn, der in diese Gedankengänge gar nicht einsteigen kann. Aber diesen ‚anderen Gott', der Gottweißwo sitzt und den wir uns nicht ausmalen können, den möchte ich gar nicht, muss ich ehrlich sagen. An den komm ich nicht heran. Der spricht auch nicht zu mir. Der hat eine ganz andere Geschichtsvorstellung und eine ganz andere Geschichte."

„Vor alten Zeiten, als der liebe Gott noch selber auf Erden und unter den Menschen wandelte ..." so beginnt das Märchen „Der Arme und der Reiche" von den Gebrüdern Grimm. In den alten Geschichten und vielen noch älteren Sagen ist Gott meist incognito auf der Erde unterwegs. Hüsch gegenüber hat er sich freundlicherweise persönlich bekannt gemacht. Und wenn der Kabarettist von den Begegnungen berichtet, dann erzählt er keine Märchen:

„Ich sehe den lieben Gott als Person. Es kann natürlich auch möglich sein, dass es diese ‚Figur' gar nicht gibt. Aber ich wäre tatsächlich gerne so, dass es mir – wie ihm – gelänge, mit allen, philosophisch gesehen, ‚lieb Kind' zu sein; und wir haben keinen Streit, und wir lösen alles in einer charmanten Form, und es bestehen keine Vorurteile mehr.

Ich möchte mir den lieben Gott wirklich wie einen vorstellen, der plötzlich in Dinslaken in einem Stehbistro steht und da seinen Espresso trinkt, und ich komme rein und sage: ‚Ach, Gott, da ist er ja!' und er sagt: ‚Komma her! Ich wollte mit dir was bereden!' Das ist jetzt verniedlicht, das ist jetzt kindlich, das ist jetzt vielleicht sogar ein bisschen modisch – geb ich gerne zu –, aber ich brauche das. Sonst käm ich auch nicht zu diesem Satz: ‚Gott hat mich noch nie im Stich gelassen!'

Und wenn viele das so machen würden", fügt er schmunzelnd hinzu, „dann wären wir auch besser dran, würde ich meinen."

Seine Gottesbegegnungen sind mehr als schlichte Eulenspiegeleien, doch Hüsch erzählt sie hinter der Maske des Narren. Und der galt ursprünglich als „eine verrückte ..., an einer fixen idee leidende person", wie die Gebrüder Grimm es in ihrem Wörterbuch von 1889 definieren. Ein Kupferstich aus dem 17. Jahrhundert, der eine Ständetafel des Mittelalters abbildet, zeigt den Narren auf der untersten Stufe neben dem Kind mit der Inschrift: „Den Kindern klein / gleich ich allein." Aber wie sagt es eine andere Volksweisheit: „Kindermund tut Wahrheit kund." Das ist zwar manchmal etwas peinlich für die Eltern, aber es ist eine Rolle, in der Hüsch sich pudelwohl fühlt:

„Altes Kind" heißt ein Kapitel seiner Autobiographie. Wenn Hüsch als kindlicher Narr vom lieben Gott erzählt, dann entschlüpft er lachend unseren Versuchen, seine Gedanken über Gott mit der logisch-rationalen Vernunftssprache der aufgeklärten Erwachsenen zu „überprüfen". Das ist der Witz: Denn wir alle wissen, es ist ja „nur" der Narr, der uns soeben die ganze Wahrheit über Gott erzählt.

Und auch die Psychologen haben Interessantes beizutragen zum kindlich-närrischen Rollenspiel des Kabarettisten: Jüngere Kinder – so hat man beobachtet – malen sich in ihrer Fantasie häufig einen so genannten „imaginären Freund“ aus, mit dem sie sich tatsächlich unterhalten. Er wird zu einem echten Gesprächspartner, dessen Existenz gegenüber anderen vehement verteidigt werden kann. Und das ist ganz richtig so. Denn der Freund ist ja wirklich da, auch wenn die anderen ihn nicht sehen und hören können. Schade eigentlich; hat er doch immer spannende Geschichten zu erzählen und ist er doch ein hilfreicher Berater in allen Lebenslagen. Wenn Hüsch in seinen Programmen vom lieben Gott plaudert, verwahrt er sich stets entrüstet dagegen, diese Geschichten eventuell erfunden zu haben.

Hat er, tut mir Leid, hat er wörtlich zu mir gesagt.
Neulich in Dinslaken.
Das sind jetzt, Moment mal, nicht, dass ich lüge,
was haben wir heute?
Donnerstag!
Das sind jetzt... am Samstag werden das vier Wochen.
Ja, tut mir Leid, das ist aber so.
(aus Programm: Ein neues Kapitel)

Und schon vor langer Zeit, als Stehcafé und Espresso noch nicht erfunden waren, erzählte man sich Geschichten von Menschen, die freundschaftlich und vertraut mit Gott umgingen und sich mit ihm sogar hitzige Debatten lieferten, wie unter Freunden üblich. Doch hinterher war keiner beleidigt. Gott auch nicht, so weit wir wissen.

Die Christen haben von den Juden gelernt, dass wir Menschen uns von Gott kein Bild machen dürfen und können.

Umso erstaunlicher ist es, dass man gerade in der jüdischen Tradition zahlreiche Geschichten findet, in denen Menschen allzu menschlich mit Gott förmlich verhandeln. Besonders in den Erzählungen der „Chassidim“ (hebräisch: „die Frommen“), einer religiösen Bewegung innerhalb des Judentums, die im 18. Jahrhundert vor allem in Osteuropa weit verbreitet war, finden sich dazu hinreißende Episoden, die der große Religionsphilosoph Martin Buber gesammelt hat. Ein Beispiel:

Rabbi Levi Jizchak sprach einmal mitten im Gebet:
Herr der ganzen Welt, du bist einst mit deinem Thoralein herumgelaufen
(die „Thora“ ist das jüdische religiöse Gesetz, Anm.d.Vf.)
und hast es feilgeboten wie faule Äpfelchen
und hast es nicht anbringen können – wer hat dich auch nur angucken wollen?
Und dann haben wir es dir abgenommen.
Darum will ich mit dir ein Tauschgeschäft machen.
Wir haben einen Haufen Sünder und Missetäter,
und du hast eine Fülle von Vergebung und Sühne.
So wollen wir miteinander tauschen.
Aber vielleicht meinst du: gleich gegen gleich?
Nein! Hätten wir keine Sünden, was fingest du mit deiner Vergebung an?
Darum musst du uns noch Leben, Kinder und Nahrung draufgeben.
(M. Buber, Werke, Bd.III. Schriften zum Chassidismus, München 1963, 329)

Der unverfrorene Humor, der vertraute Umgangston mit dem Herrn der Welt aus den chassidischen Geschichten lugt einige hundert Jahre später mit neuem Gesicht wieder hervor aus dem literarischen Kabarett eines niederrheinischen Protestanten.

Und Hüsch weiß noch von ganz anderen himmlischen Dingen zu berichten.

Der liebe Gott zum Beispiel, ich weiß nicht, ob Sie das wissen,
Soll übrigens ein hervorragender Akkordeonspieler sein
In seiner Freizeit
Er hat ja im Himmel schon seit langem
Allerdings nach heftigen Tarifkonflikten
Den 16-Stunden-Tag eingeführt
Und in seiner Freizeit, Verzeihung: in seiner sinnvollen Freizeit
Freizeit ist ja nur sinnvoll, wenn sie sinnvoll ist
Setzt sich der alte Herr vor seinen Himmel
Und spielt einige Musette-Walzer
Und wenn man so gegen 21:30 Uhr
Mal ganz still ist
Und hinaufhorcht
Dann hört man's
Nicht jeden Abend
Um Gottes willen
Aber wenn, dann klingt's nie laut oder derb,
Sondern immer ganz hell und ganz leicht

So gegen 21:30 Uhr
(aus: Und sie bewegt mich doch;
in: Das Schwere leicht gesagt)

Gott brüllt nicht mehr „wie ein Löwe vom Zion", wie die Psalmensänger im Alten Testament ihn erlebten, er spielt Walzer auf dem Akkordeon, er stöhnt schon mal über Wasser in den Füßen und bittet Hüsch, er möge ihm helfen, die Schuhe anzuziehen. Gott ist auch oft traurig und niedergeschlagen, wenn er die Welt so anschaut, aber zornig ist er nie. Das „verzehrende Feuer", das die alten Propheten in seiner Nähe spürten, scheint erloschen. Einen heiligen und allmächtigen Weltenrichter hat Hüsch in Dinslaken nicht angetroffen.

„Nein, mit einem zornigen Gott möchte ich nichts zu tun haben. Ich bin ja auch kein zorniger alter Herr, nicht wahr. Das würd ich ihm auch sagen, ich sage: ‚Komm, jetzt hör endlich auf mit deiner Schimpferei, mit deiner Levitenleserei. Das will ich nicht.'"

Mit seiner Vorstellung vom lieben Gott und den letzten Dingen macht Hüsch bei einer Diskussionsveranstaltung in der Kölner Mayerschen Buchhandlung eine überraschende Erfahrung.

„Auf einmal – es ergab sich aus dem Gespräch – sagte ich: ‚Naja, ich glaube ja gar nicht, dass es eine Hölle gibt. Ich glaube wirklich, dass der liebe Gott uns alle in den Himmel holt. Das gibt unserem Leben natürlich auch einen Sinn.' Da standen die Leute zum Teil auf und empörten sich und sagten: ‚Das gibt's nicht!' Was ich da denn von mir gäbe?! Und natürlich gäb's eine Hölle; es müssen ja die Guten von den Schlechten getrennt werden. Und ich sag: ‚Ja, und die Verbrecher, die kommen auch in den Himmel!' – Neinnein, da könnte ja jeder machen, was er wollte!

Und auf diese Art und Weise entstand sehr viel Unruhe, nicht wahr, und ich war ganz perplex, dass die Leute das so aufregt, beziehungsweise, dass sie immer noch diese Einteilung vornehmen. *Sie* kommen natürlich alle in den Himmel, das ist ja klar, nicht wahr. Und das hat mich doch sehr überrascht.

Es geht ja im Grunde gar nicht um die Frage, wer nun in den Himmel kommt und wer nicht, sondern es geht darum, dass das Bild des lieben Gottes für mich tatsächlich so ist, dass er verzeiht und sich auch mit denen versöhnt, die in dieser Welt viel Schlechtes getan haben.

Und da kann man natürlich sagen: ‚Was ist mit Hitler, was ist mit Stalin, was ist damit?' Ich glaube schon, dass da eben etwas anderes für uns eintritt und dass das nicht einfach in die Hölle hinuntergeht. Ich weiß es nicht."

Hüsch hält kurz inne. Ist er sich doch nicht so sicher?

Es sei ein fester Glaubensgrundsatz, ein Dogma der Kirche, dass die Hölle existiert, aber das Dogma behaupte damit noch nicht, dass zwangsläufig auch Menschen darin schmoren werden, hat ein katholischer Theologe vor Jahren hintersinnig formuliert, weil er betonen wollte, dass wir

Menschen Gott nicht in die Karten gucken können und besser nicht an seiner Stelle entscheiden sollten, ob irgendjemand und wenn ja, wer in die Hölle hinabzufahren habe und wer nicht. Origenes, der große Theologe aus der Alten Kirche, wurde wegen seines christlichen Glaubens verfolgt und schließlich hingerichtet. Trotzdem glaubte er fest daran, dass Gott auch seine Henker, seine unbekehrten Todfeinde, einmal in den Himmel holen werde.

Unter Christen aller Konfessionen ist die Frage nach der „ewigen Verdammnis" bis heute heiß umstritten. Die einen verweisen auf die Bibel und die Berichte darin, nach denen alle, die an Jesus Christus glauben, in den Himmel kommen, alle anderen in die Hölle, den Ort der Trennung von Gott. Die anderen verweisen auf die Bibel und die Berichte darin, nach denen Gott durch Jesus Christus die ganze Welt mit sich versöhnt habe, seine Liebe zu den irdischen Sündern größer sei als sein Zorn und er am Ende der Zeit alle Tränen abwischen werde und somit schließlich keiner verloren gehe. Wieder andere verweisen auf gar nichts, sondern beten im Stillen, Gott möge doch in seiner Barmherzigkeit, wenn irgend möglich, bei allen Menschen Gnade vor Recht ergehen lassen.

Von so viel Theologiegeschichte gänzlich unbelastet fährt Hüsch in seinem Gedankengang fort. Gott, der Richter, mit einer Hölle für die Ungläubigen, ist ihm ganz einfach unheimlich.

„Also, da fängt der liebe Gott an, mir fremd zu werden. Da ist er nicht mehr in Dinslaken bei seiner Schwester und hilft seinem Schwager, der ja eine Rückgratgeschichte hat und bettlägerig ist.

Ich sage auch immer, wenn jemand stirbt, einer, der Dreck am Stecken hat, der hat ja auch in dieser Welt gelebt, in dieser eigenartigen Welt, wo wir ungefragt hingelotst und auch am Schluss wieder abgeholt werden. Und nicht zuletzt sagt man ja: ‚Ich gehe mit zur Beerdigung, ich geb ihm das letzte Geleit', oder: ‚Ich erweise ihm die letzte Ehre', und das ist zum Beispiel für mich auch eine christliche Tugend: Respekt zu haben. Und der liebe Gott besteht aus sehr viel Respekt. Sonst gäbe es ja gar keine Erlösung.

Ich meine, gut, das ist jetzt ganz untheologisch formuliert, aber das ist für mich die Voraussetzung, dass ich einen Menschen respektiere und dass ich ihn dann auch aufnehme.

Nicht umsonst sind die Kirchen doch auch offen für Menschen auf der Flucht, egal, aus welchen Gründen sie flüchten. Und es darf ja dann niemand rein, auch die Polizei darf, glaub ich, nicht da rein, sondern der Pfarrer stellt sich vor diesen elenden Menschen, der in größter Not sich in die Kirche flüchtet. Und das ist für mich immer ein schönes Bild, dass da der liebe Gott seine Hand drüber hält, den Häschern entgegenhält oder zur Abwehr bereit ist."

Als der liebe Gott den Kleinkünstler in den Himmel einlädt, bringt ihn Petrus, der richtige Petrus, also „Petrus der Richtige", wie Hüsch ihn nennt, zu Gottes Wohnung:

Es sah alles ein bisschen nach Holland aus
Und der liebe Gott wohnte natürlich
In einem Patrizierhaus
Oder sah ich das nur so

Jeder sieht den lieben Gott so wie er ihn braucht
Sagte Petrus der Richtige
Nur der liebe Gott sieht uns so
Wie wir wirklich sind

Halt, stopp! Wie war das eben? Es sind Vierzeiler wie diese – schnell überlesen, rasch überhört –, in denen Hüsch sich spielerisch leicht als Philosoph enttarnt.

Schon der Apostel Paulus hat in einem Brief an die Korinther Ähnliches geschrieben:

„Die Erkenntnis bläht auf; die Liebe aber erbaut. Wenn jemand meint, er habe etwas erkannt, so hat er noch nicht erkannt, wie man erkennen soll. Wenn aber jemand Gott liebt, der ist von ihm erkannt" (1. Korinther, Kapitel 8, Vers 1-3).

Paulus sagt auf Gut-Deutsch: Wer meint, er habe kapiert, wie Gott ist und wie man ihn zu sehen hat, der hat überhaupt nichts kapiert. Viel wichtiger als unsere reichlich verschiedenen Gottesbilder ist doch, dass Gott jeden einzelnen von uns tatsächlich sehr genau kennt. Wir brauchen ihm nichts mehr vorzumachen. „Gott" bleibt unverfügbar für uns, wie Karl Barth betont hat, und schaut doch jedem einzelnen Menschen persönlich ins Herz.

Oder in zwei Sätzen: „Jeder sieht den lieben Gott so, wie

er ihn braucht. Nur der liebe Gott sieht uns so, wie wir wirklich sind."

Um solche Formulierungen wird Hüsch von manchem Pastor beneidet. Und das ist dem Kabarettisten – gar nicht uneitel – durchaus bewusst. Auf seinem Weg gen Himmel trifft er einen Pfarrer, der ihn zum Essen einlädt und dabei Folgendes zu hören bekommt:

Ich sei ein Spielmann Gottes
Und da die Menschen nicht alle zu mir
Kommen könnten
Müsse ich zu ihnen gehen
Denn zur Erlösung gehöre auch die Heiterkeit
Und zur Heiterkeit auch die Versöhnung
Erstaunlich sagte der Pfarrer wie Ihr das so
Dahinsagt
Mit einer Handbewegung die ihresgleichen sucht
Die kommt vom lieben Gott Herr Pfarrer
Sagte ich
Die Handbewegung
Mehr durfte ich ja nicht sagen
Ich wollte sagte der Pfarrer ich könnte diese
Handbewegung
Auch
Dafür könnt Ihr eine gute Gemüsesuppe
Auftischen sagte ich
Die kommt auch vom lieben Gott
(aus: Wir sehen uns wieder, Kindler 1995, 33)

Hanns Dieter Hüsch hat den lieben Gott als Gesprächspartner für seine Dialoge im Kabarett entdeckt. „Ich habe eine neue Kunstfigur, mit der ich mich unterhalten kann“, sagt er schmunzelnd. Vom liebenswerten niederrheinischen Thekenphilosophen Ditz Atrops über den verrückten Skeptiker Hagenbuch ist Hüsch nun beim lieben Gott in Dinslaken angekommen, seine erste „Kunstfigur“, die gar keine ist, weil Hüsch sie gar nicht selbst erfunden hat. Der liebe Gott hat ihn gefunden und ist vorbei gekommen, um mit ihm ein paar Dinge zu bereden, ihn zu trösten und sich selber aufheitern zu lassen, aber auch, um Hüsch zu ermuntern, die Hoffnung auf eine menschlichere Welt niemals aufzugeben.

„Ich glaube, es ist bei mir so, dass unten drunter ein dickes Seil liegt, gemäß den Worten, die ich für mich privat formuliert habe: ‚Solange die Utopie in meinem Herzen und in meinem Kopf drinsitzt, gibt es sie auch.‘ Und dieses dicke Seil, dieser Glaube und diese Vision – Willy Brandt hat immer von Visionen gesprochen –, die sind schon da, aber am Rande laufen immer die Zweifel mit und auch die Niederschläge und die Enttäuschungen privater Natur, gesellschaftlicher Natur, beruflicher Natur. Aber der Glaube daran bleibt immer erhalten. Genauso wie es auch meinen Glauben an die Auferstehung gibt und meinen Glauben an Jesus Christus. Und doch, auch da hab ich Tage, wo ich denke: ‚Da stimmt was nicht‘, oder: ‚Was ist jetzt mit dem lieben Gott?‘ Nicht wahr: ‚Ist es wirklich so?‘ Und da bin ich manchmal ein Skeptiker.

Das darf ich auch sein, ich weiß das. Ich hab doch mit

dem lieben Gott in Dinslaken gesprochen. Der hat gesagt: ‚Du darfst ruhig zwischendurch mal ein bisschen Skeptiker sein. Ich benehme mich ja auch nicht immer so, dass alle Menschen an mich glauben können.‘“

Und wer von uns kann schon sagen, wie damals Maria von Magdala:
Ich habe den Herrn gesehen.
Wer von uns kann so vermessen, so fromm oder trunken sein
Und kann damit durch die Welt gehen,
Jedermanns Haus betreten mit froher Zuversicht,
Ohne Furcht und mit freien Händen unter dem Himmel dahingehen,
Wer von uns kann so kühn und lebendig allem begegnen,
Was ihm widerfährt, und ist so verwandelt und losgelöst,
Weil er es weiß:
Ich habe den Herrn gesehen.
Sehen wir denn nicht immer am Rande des Grabes zuerst nur den Gärtner
Und denken, er habe den Grabstein weggeholt
Und alles habe so seine Friedhofsordnung.
Und sind dann gar nicht betroffen. Und gehen mit dem Weinen sehr sparsam um,
Weil wir das alles manchmal nicht glauben möchten,
Heute am Ende der Neuzeit.
Und sind doch so sterblich wie ehedem.
Herr, verlasse uns nicht. Ja, du bist auferstanden.

Du hast das Grab und den Stein überwunden,
Aber geh nicht so wortlos davon.
Ich habe den Herrn gesehen, möchten wir gerne sagen.
Genau wie damals Maria von Magdala.
Wir haben das leere Grab gesehen und der Stein war weg.
Seht, welch ein Mensch, hat Pilatus gesagt.
Ich kann keine Schuld an ihm finden.
Und so gehen wir durch Mühe und Leid,
Durch Hoffnung und Tod, durch Anfang und Ende.
Schuldlos und voller Schuld. Mit einem leeren Grab,
aber der Stein ist hinweg.
Du hast ihn, oh Herr, überwunden.
Für uns aus dem Weg geräumt.
Du bist durch ihn hindurchgegangen.
Wollest mich nicht berühren, hast du gesagt.
Und Maria von Magdala, Sünderin einst,
Und später Büßerin in der Provence, sagt die Legende,
Hat uns die Nachricht gegeben:
Ich habe den Herrn gesehen.
Ruhiger denn je, gelassener denn je, und freier als alle Freiheit.
Alle Großzügigkeit war um ihn versammelt,
alle Liebe in ihm.
Und so hat er uns verlassen,
Um Tag und Nacht bei uns zu sein.
Ich habe den Herrn gesehen, möchten wir sagen.
Seht, welch ein Mensch! So möchten wir sein.
Fürchtet euch nicht! Die Tür steht offen.

Der Stein ist verschwunden.
Wir können mit ihm, mit Jesum
In alles hinein, aus allem heraus
Und durch alles hindurch gehen.
Und mit ihm
All unsere Fragen beantworten.
(aus: Meine Bibel)

Kapitel 8

Gott ist aus der Kirche ausgetreten

Als die Nachricht um die Erde lief,
Gott sei aus der Kirche ausgetreten,
wollten viele das nicht glauben.
„Lüge, Propaganda und Legende", sagten sie,
bis die Oberen und Mächtigen der Kirche
sich erklärten und in einem so genannten Hirtenbrief
folgendes erzählten:

„Wir, die Kirche, haben Gott, dem Herrn,
in aller Freundschaft nahgelegt,
doch das Weite aufzusuchen,
aus der Kirche auszutreten und gleich alles
mitzunehmen,
was die Kirche immer schon gestört.
Nämlich seine wolkenlose Musikalität,
seine Leichtigkeit und vor allem
Liebe, Hoffnung und Geduld.
Seine alte Krankheit, alle Menschen gleich zu lieben,
seine Nachsicht, seine fassungslose Milde,
seine gottverdammte Art und Weise,
alles zu verzeihen und zu helfen – sogar denen,
die ihn stets verspottet;

seine Heiterkeit, sein utopisches Gehabe,
seine Vorliebe für die, die gar nicht an ihn glauben,
seine Virtuosität des Geistes, überall und allenthalben,
auch sein Harmoniekonzept bis zur Meinungslosigkeit,
seine unberechenbare Größe und vor allem
seine Anarchie des Herzens – usw. ...
Darum haben wir, die Kirche, ihn und seine große Güte
unter Hausarrest gestellt,
äußerst weit entlegen, dass er keinen Unsinn macht,
und fast kaum zu finden ist."

Viele Menschen, als sie davon hörten,
sagten: „Ist doch gar nicht möglich!
Kirche ohne Gott?
Gott ist doch die Kirche!
Ist doch eigentlich gar nicht möglich!
Gott ist doch die Liebe,
und die Kirche ist die Macht,
und es heißt: ‚Die Macht der Liebe!'
Oder geht es nur noch um die Macht?!"
Andere sprachen: „Auch nicht schlecht,
nicht schlecht: Kirche ohne Gott!
Warum nicht, Kirche ohne Gott!?
Ist doch gar nichts Neues, gar nichts Neues!
Gott kann sowieso nichts machen.
Heute läuft doch alles anders.
Gott ist out. Gott ist out!
War als Werbeträger nicht mehr zu gebrauchen."
Und:

„Die Kirche hat zur rechten Zeit das Steuer
rumgeworfen."
„Kirche ohne Gott!" das ist der Slogan.
Doch den größten Teil der Menschen
sah man hin und her durch alle Kontinente ziehn,
und die Menschen sagten:
„Gott sei Dank!
Endlich ist er frei.
Kommt, wir suchen ihn!"
(in: Das Schwere leicht gesagt)

Sind die Kirchenmauern zu eng, die dogmatischen Lehrgebäude zu starr geworden für den lieben Gott, wie Hüsch ihn kennen gelernt hat? Hat Gott in der Kirche nichts mehr zu suchen, weil er dort doch nur evangelische wie katholische Rechthaberei finden würde? Gott ist „endlich frei! Kommt, wir suchen ihn!" empfiehlt Hüsch in einem seiner Gedankenspiele aus dem Kabarettprogramm „40 Jahre unterwegs" von 1988. Den gleichen Text trägt er ein Jahr später auf dem 23. Deutschen Evangelischen Kirchentag in Berlin vor, auf dem Liturgischen Fest in der Waldbühne. Hüsch konfrontiert die kabarettistische „Fan-Gemeinde" und die christliche Gemeinde gleichermaßen mit seinem Verständnis von Gottes „Harmoniekonzept bis zur Meinungslosigkeit". Die Irritation ist gewollt, wie er in einem Gespräch mit der Zeitschrift „Publik Forum" erklärt:

„Ich habe auch einmal auf dem Kirchentag gesagt: Stellt die Meinungen ein, dass die Liebe gedeiht! Nun kann man natürlich einwenden: Was will der eigentlich? Jetzt soll keiner mehr eine eigene Meinung haben! Was soll das? Früher waren wir stolz darauf, eine eigene Meinung zu haben! Ich will damit sagen, dass es wichtig ist, mit den Meinungen leichter umzugehen. Macht nicht aus jeder Meinung gleich eine Religion. Gott ist meinungslos. Ich habe ein Bild vor Augen: Wenn Gott die Arme ausbreitet, dann sind dagegen all unsere Meinungen, Pläne und Ansichten ganz winzige kleine Scherze."

Gottes Großzügigkeit sprengt alle kleinkarierten interkonfessionellen Diskussionen um den „einzig wahren" Glauben, wenn es nach Hanns Dieter Hüsch geht. Und weil er weiß, dass die real existierenden Kirchen im allgemeinen und wir alle im besonderen so großzügig und herzensweit noch nicht sind, nicht sein wollen oder können, bittet er Gott am Ende seines Programms „Meine Bibel" um tatkräftige Mithilfe:

Er möge uns die vielen Streitigkeiten von morgens bis abends verzeihen
Das Hin- und Herlaufen zwischen den vielen Fronten
Und all die Vorwürfe
die wir uns gegenseitig machen
Möge er in ein herzhaftes Gelächter verwandeln
und unsere Bosheiten in viele kleine Witze auflösen
Wir bitten ihn Zeichen zu setzen und Wunder zu tun
dass wir von all unseren Schuldzuweisungen ablassen
und jedwedem Gegner ein freier Gastgeber sind
Er möge uns von seiner Freiheit ein Lied singen

auf dass wir alle gestrigen Vorurteile außer Kraft
und alle Feindseligkeiten außer Gefecht setzen

Gott ist aus der Kirche ausgetreten, aber nur, um durch die Hintertür wieder hereinzukommen. Der Kabarettist vom Niederrhein jedenfalls trifft ihn dort inzwischen regelmäßig.

„Die Kirche ist für mich das Haus Gottes und das ist auch mein Haus. Ich kann da jederzeit hineingehen. Ich kann mich sogar in die Kirche flüchten. Dort ist ein Platz für alle, und dort wird ihnen auch Schutz gewährt. Und dort fühl ich mich auch sehr zu Hause, muss ich sagen, vor allen Dingen, wenn ich ganz alleine bin.

Man darf ja nicht erwarten, dass Kabarettisten nun Maschinen sind, Zeitmaschinen, die über alles erhaben sind, und die nur ganz stabil und ganz fest mit beiden Beinen in der Weltgeschichte stehen. Das ist ja gar nicht wahr. Auch wir Kabarettisten – ich nehm das für mich in Anspruch – haben unsere schwachen Stellen, wir haben auch unsere sentimentalen Stellen, bei allem Intellekt, bei aller Ironie. Wir haben eben auch unsere Zeiten, in denen wir versagen. Und das alles zusammen bringt mich auf den Weg zur Kirche."

Doch Hüsch wäre nicht Hüsch, wenn er an der Eingangspforte zur Kirche seinen untrüglichen Sinn fürs Allzu-Menschliche abgeben würde.

Und wenn Sie dann wirklich mal austreten müssen,
also nicht aus der Kirche,
sondern in der Kirche aufs Klo müssen, nech,
das ist ja auch so eine Geschichte, sag ich Ihnen.
Selbst, wenn Sie zu Haus noch mal rasch gehn, glauben Sie ja nicht,
Sie könnten in der Kirche schon wieder gehen. Nee, nee!
Die meisten Kirchen haben nämlich gar kein Klo.
Und wenn, dann nur indirekt.
Also, ich find das ungeheuer!
Seh'n Sie mal, gerade Christentum hat doch mit Seele *und* Leib zu tun, nicht wahr. Und nirgendwo steht geschrieben, so viel ich weiß: Du sollst nicht müssen!
„Durch diese hohle Gasse muss er kommen. Es führt kein andrer Weg zum Küster",
sag ich dann immer.
Sie kennen ja das berühmte Schweizer Theaterstück.
Aber jedes Mal, wenn ich den Küster frag – ich frag meistens schon gar nicht mehr,
aber wenn ich frag:
Wo ist denn hier das Klo?
Ja, das ist ein bisschen kompliziert.
Da müssen Sie... Ist es sehr dringend?
Warten Sie mal, da müssen Sie ..., da gehen Sie am besten ...
Das ist katholisch wie evangelisch alles dieselbe Leier.
Da gehen Sie jetzt am besten, wenn Sie unbedingt müssen,
hier durch die Sakristei, weil Sie es sind.

Wat soll denn dat wieder heißen? Weil ich es bin.
Als wenn ich anders pinkle als die andern. Weil ich es bin!
Hier die Wendeltreppe runter, dann kommt ein Kellergang,
da steh'n so Leitern und alte Farbtöpfe und am Ende von dem Gang,
da ist ein Holzverschlag, und links daneben ist eine Tür, und da ist das Klo.
Und dann stürzt man da runter, das Klo ist natürlich besetzt, ist ja logisch,
eine Riesenkirche, – nur ein Klo, da packt man sich, Gott weiß wohin.
Warum kann man nicht am Eingang, links und rechts, zwei Klos hinbauen, zwei ökumenische Klos, Herrgott noch mal.
Ja, wenn das so weiter geht, dann stift ich eins mit meinem Namen:
„Sankt Abortus", von Hanns Dieter Hüsch.
(aus: „Meine Geschichten")

„Es ist ja auch vieles von der Kirche falsch gemacht worden. Und manches kann man ihr wirklich mit Recht vorwerfen, aber eigenartigerweise haben sich in all meinen Texten nie ausgesprochen antiklerikale Texte befunden.

Gut, ich habe einmal eine Parodie über ‚Das Wort zum Sonntag' gemacht, aber das war reine Sprachkritik, ich wollte die Herren Pastoren auffordern, nicht immer diese abwegigen Bilder zu benutzen. Das ging ja dann so weit, dass ein Pfarrer davon sprach, er habe sich auf ein Bahngleis an eine Weiche hingestellt, und dann schmiss er die Weiche herum und sagte: ‚Nicht ihr stellt die Weichen, nein, Gott stellt die Weichen …'" (Publik Forum, 4/88, 42)

Das Wort zum Sonntag

Wenn ich mir jetzt, meine lieben Zuhörer, eine Brille aufsetze – und Sie mir freundlichst erlauben, in Ihre Stube hinein zu Ihnen zu sprechen, in Ihren eigenen Bereich hineinzuschauen, so hat das mit der Brille ja heute eine eigene Bewandtnis.
Vor einigen Tagen sah ich, wie ein netter junger Mann nach Anbruch der Dunkelheit sich eine alles noch mehr verdunkelnde Sonnenbrille aufsetzte. – Ein andernmal hörte ich, wie jemand zu seinem Nachbarn sagte: Eine rosarote Brille, und alles sieht gleich ganz anders aus. Da habe ich mich gefragt: Was sieht denn gleich ganz anders aus?
Und wie oft hören wir doch heute: Ich habe nicht den richtigen Überblick. Ich sehe da nicht mehr klar. Ich schaue da nicht mehr hindurch.
Sollten da vielleicht zu viele Sonnenbrillen und zu viele rosarote Brillen mit im Spiel gewesen sein?
Wer immer nur Buttercremetorte isst, weiß eines Tages gar nicht mehr, wie Buttercremetorte schmeckt. Und wer sich eine Sonnenbrille oder eine rosarote Brille aufsetzt, der muss nicht meinen, dass Gott unseren wahren Alltag nicht sieht. ER ist unser Optiker. ER

braucht keinen Kneifer und keinen Aussichtsturm. ER ist weitsichtig und kurzsichtig zugleich. ER sieht uns an und durch uns hindurch. Durch und durch. Für und für.
Lassen Sie mich schließen mit einem Wort, das uns die Augen öffnen helfen will, mit einem Wort des böhmischen Wanderpredigers Heinrich Ignaz Mützenbecher, der da sagt: „Möge, der Du sein werdest, dann siehst Du, was Du sein dürftest!"
Guten Abend.
(aus: Das Schwere leicht gesagt, S. 31)

„Jedenfalls habe ich nie darauf hingearbeitet, dass nun die Kirche – satirisch gesehen – dauernd dran kommt", unterstreicht Hüsch noch einmal.

„Nein, dazu gibt es auch zu viele gute Leute, die in der Kirche arbeiten; ob das nun Pastöre oder Diakone sind, ob das auch Nonnen oder Mönche sind, auf der katholischen Seite. Da wird schon eine Menge geleistet."

Typisch Hüsch: Es sind die konkreten Namen, Menschen und Gesichter innerhalb der Kirchen, die ihn davon abgehalten haben, die abstrakte, anonyme „Institution" gründlich durch den Kakao zu ziehen. Auch in Zeiten, als er so gut wie nie in die Kirche ging, haben Menschen aus der Kirche schon Spuren bei ihm hinterlassen, Mater Emiliana und Mater Marcella, Gefängnispfarrer Martin Schwarz, Arbeiterpastor Symanowski, und viele andere, von denen noch gar nicht die Rede war. Das Denken in Konfessionen und Vereinsmeierei sind Hüschens Sache nicht. Aber er wird uns doch sicherlich zumindest erklären können, was für eine Kirche seine Heimatgemeinde in der prägenden Kinderzeit am Niederrhein war, oder?

„Ich glaube, das ist eine lutherische, ich weiß es aber gar nicht, ich kenn mich da nicht aus. Es war eine schöne evangelische Moerser Kirche ... Die Moerser werden jetzt sagen: ‚Ehrenbürger unserer Stadt und weiß nicht, dass unsere Kirche reformiert ist ...‘ Jedenfalls ist die auf der Steinstraße, die früher die Hauptstraße von Moers war. Als Kinder haben wir dort viele Orgelkonzerte gehört ..."

Lachend unterbricht er sich selber und fügt hinzu:

„Da bin ich wieder einmal echter Niederrheiner: Weiß nix, kann aber alles erklären."

Dass die Evangelische Kirchengemeinde Moers im Jahr 1818 aus der Union der lutherischen Gemeinde mit der reformierten hervorgegangen ist, sei hier schnell zur Ehrenrettung des Ehrenbürgers nachgetragen. Aber so gesehen lag Hüsch ja schon fast richtig mit seinen Mutmaßungen und „das Ungefähre hat auch seinen Reiz", wie er nicht müde wird zu betonen. Gleichwohl:

„Mir ist das im Grunde genommen völlig wurscht. Diese Kirche kann auch römisch-evangelisch oder überseeisch-transatlantisch-katholisch sein. Ich glaube an Jesus Christus und an den lieben Gott, und damit hat sich's."

Offiziell ist der gebürtige Niederrheiner bis heute Mitglied der evangelischen Kirche.

„Ich sage ja immer von mir: Ich bin ein Protestant mit

Hang zum Katholizismus. Darum sollen mich später auch zwei Pastöre beerdigen: mein Freund, der evangelische Pastor Uwe Seidel, und ein Franziskaner-Pater aus Dortmund, weil ich da auch noch einmal zeigen will: Das gehört alles zusammen! Hört auf mit diesen Polarisierungen! Setzt euch zusammen und nehmt euch an die Hand!"

Dass die Kirchengeschichte auch eine Geschichte der Kreuzzüge und Zwangstaufen ist, dass evangelische und katholische Christen vom 30-jährigen Krieg in Europa bis zu den Terrorakten in Nordirland übereinander herfallen und dass die gegenseitige Annäherung in der ökumenischen Bewegung auch zwischen klugen, friedfertigen und wohlmeinenden Theologen beider Lager nur im Schneckentempo voran kommt, alles das lässt Hanns Dieter Hüsch vollkommen ratlos zurück.

„Ich meine, ich kann mir gar nicht vorstellen, dass es mal eine Inquisition gegeben hat und einen Großinquisitor. Aber es ist halt so. Das ist, was der Nietzsche sagt: ‚Wenn die Religion zur Moral wird, dann fängt sie an zu stinken.' Das ist ein wirklich und wahrhaftig wahrer Satz. Und das gilt für viele Dinge: Wenn sie zur Moral verkommen und dann auch so benutzt werden, dann wird's gefährlich. Das ist für mich das Gegenteil von Christentum. Es gibt einen Text von mir über die Kirche, da heißt es am Schluss: ‚Erst kommt die Liebe und dann die Moral.' Das ist entscheidend für mich: Die Liebe kommt immer an erster Stelle. Und dann kommt noch mal die Liebe, und dann noch mal, und dann kommt vielleicht ein bisschen Moral."

Wenn Hüsch sich selber manchmal einen „spätbürgerlichen Moralisten“ nennt, dann meint er seine Vorliebe für die altmodischen Tugenden, die christlichen und politischen und manchmal auch die guten bürgerlichen, dann plädiert er unverdrossen für Solidarität und Toleranz, Höflichkeit und Freundlichkeit und für die Nächstenliebe. Doch die „Moral“ hat ihm immer schon gestunken. Und zwar immer dort, wo Menschen im Namen dieser so genannten „Moral“, im Namen der Rechtgläubigkeit oder des bürgerlichen Anstands, im Namen des Sozialismus oder des Papstes anfingen, andere unter Druck zu setzen oder auszugrenzen. Besserwissertum und ausgestreckte Zeigefinger hat Hüsch noch nie leiden können. Denn erst kommt nicht „das Fressen“, wie Bert Brecht geschrieben hat, „erst kommt die Liebe und dann die Moral“. An diesem Punkt ist der Kabarettist sich treu geblieben. Gewandelt hat sich sein Verhältnis zur Kirche.

Der Text dazu, den er eben zitiert hat, stammt aus den 60er-Jahren. Zu dieser Zeit lebt Hüsch zwar noch durchaus in Rufweite der Kirche – ausgetreten ist er nie –, hält sich aber in sicherer Distanz. Gut 20 Jahre später hat sich das geändert. Glaube *und* Kirche sind ein echtes Zuhause für ihn geworden. Und nun hat sich der Kleinkünstler den alten Text aus den 60ern noch einmal vorgeknöpft, komplett überarbeitet und 1990 neu veröffentlicht.

Legt man Original und Neufassung nebeneinander, ergibt sich ein spannendes Bild, nicht nur für Germanisten und Kabaretthistoriker.

Auffällig an dem alten Text ist, wie genau Hüsch in den 60ern – obwohl damals nicht gerade notorischer Kirchgänger – die Entwicklungen in der Kirche verfolgt:

„War Christus ein Mensch? Ein Gott? Ein Mensch gewordener Gott? Ein Gott gewordener Mensch? Ein Menschensohn? Ein Mensch gewordener Gottessohn?

Ein Sohn gewordener Menschengott? Ein Gott gewordener Menschensohn? etc. etc.?"

Ein Seitenhieb auf die theologische Debatte jener Zeit um den „historischen Jesus", in der Theologen wie Rudolf Bultmann, Ernst Käsemann und viele andere in ihrem Gefolge das „historisch Wahrscheinliche" von den reinen Glaubensaussagen der ersten Christen über Jesus in den Texten des Neuen Testamentes zu trennen versuchten, um so zu einem neuen Verständnis des Jesus von Nazareth zu kommen. Mit seinen komischen Wortspielen trifft Hüsch genau das Dilemma der Theologen: Denn die wissenschaftlich notwendige Diskussion verursacht in den Kirchengemeinden zunächst einmal mehr kopflose Verwirrung, als dass sie segensreiche Erkenntnis brächte.

Ganz ähnlich verhält es sich mit der zweiten Frage, die Hüsch damals schon zielsicher aufs Korn nimmt: Welche aktuelle Bedeutung hat Jesus für unsere Zeit?

„Würde Christus heute eine Sprechtüte benutzen oder ein Mikrofon? War Christus ein Evolutionär oder ein Revolutionär? Würde er heute auf die Straße gehn und ein Gewehr in die Hand nehmen? Aber ja doch. Immerhin. Aber doch nicht so. Ganz bestimmt sogar. Von Zeit zu Zeit. Nein niemals. Allenfalls. Jedenfalls anders. Bitte abtrennen und einsenden."

War es in den 60er-Jahren die Frage, ob Jesus als sozialer Revolutionär im Stile eines Che Guevara vereinnahmt werden könne, so versuchen in den 80er- und 90er-Jahren Autoren wie Franz Alt, Jesus zum „ersten neuen Mann“ zu erklären (weil Männer heute ein Identitätsproblem haben) oder zum „ökologischen Jesus“ (weil wir anscheinend einen glaubwürdigen Gewährsmann für ökologisch sinnvolle politische Maßnahmen brauchen) oder zum ersten besten Psychotherapeuten, wie Eugen Drewermann in seinen Bibelauslegungen (weil das Neue Testament ja eigentlich als religiöses Handbuch für Psychologen geschrieben worden ist). Dass die meisten dieser Jesus-Bilder oft den persönlichen Ansichten ihrer Autoren zum Verwechseln ähnlich sehen, dürfte auch dem flüchtigen Leser auffallen. Hüsch fällt schon in den 60ern die Beliebigkeit auf, die häufig dabei herauskommt, wenn die Relevanz moderner Fragestellungen mit dem Rückgriff auf Jesus begründet werden soll.

Obwohl die grob skizzierten Diskussionen heute noch für Gesprächsstoff in den Kirchen sorgen, hat Hüsch sie in der neuen Fassung des Textes gestrichen. Vielleicht ja deshalb, weil sie sein Interesse verloren haben und am Kern seines eigenen neu entdeckten Glaubens an Jesus als tröstlichem Versöhner und Halt in einer absurden Welt vorbei gehen?

„Die Kirchenmaus hat den Jazz integriert“, schreibt Hüsch schon in den 60ern. „Halleluja, wann kommt die Pop-Kirche?“

Kennen Sie das Lied „Danke für diesen guten Morgen“? Kirchen-Kantor Gotthart Schneider hat es geschrieben. Es war das erste so genannte „Sacro-Pop-Lied“, das Anfang der 60er-Jahre national bekannt wurde, dank der Initiative von Pastor Günter Hegele, der bald nur noch „Schnulzen-Pfarrer" genannt wurde. Popmusik in der Kirche, heute ein selbstverständliches und weit verbreitetes Phänomen in der kirchlichen Kulturszene auch abseits der Kirchentage, sorgte damals für großen Aufruhr. Hüsch fand die neuen Lieder peinlich („Entweder finsterstes Mittelalter oder Fortschritt mit Gewalt"), ein Vierteljahrhundert später tritt er selber mit Sacro-Pop-Gruppen wie der Band „Ruhama" im Rahmen von Kirchentagen auf. Kein Wunder also, dass auch diese Kritik des alten Textes in der neuen Fassung nicht mehr auftaucht.

Prophetische Weitsicht aber hat der Kabarettist mit seinem augenzwinkernden „Vorschlag zur Güte" bewiesen, den er der Kirche bereits Mitte der 60er-Jahre unterbreitet:

„Die Pastöre springen von der Kanzel und sprechen vom Wetter. / Die Gemeinde sägt die harten Bänke an. / Der Küster trägt Bier und belegte Brötchen durch die Gänge. / Die Kinder malen die Wände voll. / Der Chor trägt ein Aquarium herum. / Und Christus lächelt."

Ein kaum vorstellbares Szenario für die spröden und oft reichlich düsteren Gottesdienste der evangelischen Kirchen von damals. Mehr als zehn Jahre später aber beginnen die Christen tatsächlich, die „harten Bänke anzusägen": Auf den Kirchentagen werden die „Liturgischen Nächte" eingeführt. Die nüchternen Protestanten entdecken die Lust am Feiern. Die von Teilnehmerschwund gezeichneten und fast schon totgesagten evangelischen „Laien-Treffen" erleben eine erstaunliche Renaissance. Und manch einer bringt die fröhlich-festlichen neuen Gottesdienstformen mit nach Hause und probiert sie in der heimischen Kirchengemeinde aus.

Hüsch selber nimmt seit 1985 wieder regelmäßig an den Kirchentagen teil. Und wenn irgendjemand milde lächelnd erwähnt, es sei ja auch kein Wunder, sondern durchaus üblich, dass Hüsch als älterer Herr den Weg zurück in die Kirche gefunden habe, dann verweist der Kabarettist gern auf seine Impressionen vom Kirchentag:

„Ich würde nie sagen: Christsein ist was für alte Leute. Es ist – ganz im Gegenteil – etwas für junge Leute. Aber es ist natürlich für junge Leute schwieriger. Das hängt aber auch wieder ein bisschen von der Kirche ab. Sie hat ja jahrzehntelang die ganze Geschichte als eine traurige, düstere Angelegenheit geschildert und begangen. Was ist das für ein anderes Bild, wenn man nach Berlin auf den Kirchentag in die Waldbühne geht, und dann sieht man 25.000 junge, fröhliche Menschen, die – weiß Gott! – keine ‚Frömmler' sind. Und das ist etwas völlig Neues und auch vielen jungen Pastoren zu verdanken, die betonen, dass Christsein eine heitere Sache ist. Der Glaube an Jesus Christus ist für mich eine fröhliche Geschichte. Und eine freundliche und menschliche dazu. Gut, das sind so Stichworte und pauschale Adjektive, klar.

Aber wir sehen es doch. Wie schön ist es manchmal auf einem Kirchentag. Man sieht nur Leute, die völlig gewaltlos und absolut friedfertig beieinander sind, weil sie bereit sind, den Frieden anzufertigen. Und es gibt natürlich auch streitbare Diskussionen, aber niemand ist persönlich gegen mich.

Niemand will mir etwas. Und jeder sagt: ‚Ich bin für dich. Ich bin nicht gegen dich!' Und das ist eben schön."

Ein reichlich idealisiertes Bild, das Hüsch da von den protestantischen Laientreffen entwirft, oder? „Oh, nein, jetzt kommen wieder die ‚Halleluja-Schlümpfe'", so der tiefe Seufzer eines meiner Journalisten-Kollegen über die Kirchentags-typischen lauten Gesänge zur Klampfe auf den Brücken und in den überfüllten U-Bahnen.

So viel geballt auftretende Fröhlichkeit an vier Tagen alle zwei Jahre ist manchen doch etwas verdächtig. Macht nichts, meint Hüsch.

„Viele können damit gar nichts anfangen. Viele gucken sich das an und sagen: ‚Ja, ich weiß nicht …' und manche wollen überhaupt nichts damit zu tun haben. Die muss man dann auch lieben und die muss man dann auch ziehen lassen in ihrer Meinung."

Weiterhin möchte ich mit Nietzsche
Mit Friedrich Nietzsche
Meinen
Die Christen müssten eigentlich
Erlöster aussehen
Fröhlicher und freier
Heller und leichter
Alle Mann und alle Frau
Und die Kinder obendrein
Alle Tage ist kein Sonntag

Alle Tage ist kein Kirchentag
Aber lustiger möchts schon sein
In manchen Augenblicken
Wenn der Narr uns überkömmt
Und viele haben mich gefragt
Darf man in der Kirche lachen?
Klatschen?
Und waren ganz erstaunt
Wenn ich sagte
Ja, natürlich, immer, immerfort
Auch tanzen?
Weiß ich nicht
Aber wenns drauf ankommt
Drückt der Herr ein Auge zu
Mein Herr jedenfalls macht das
Ist der hier?
Ich denke schon
Auf dem Kirchentag?
Incognito natürlich, nicht wahr,
Macht Notizen sich
Hört sich alles an
Und ist meistens völlig anderer Meinung
Völlig anderer Ansicht
Und auch anderer Aussicht
Aber hell und leicht
Fromm ist er auch
Aber frei und fröhlich
(aus: Hallo, Ihr Säugetiere, 26. Deutscher Evangelischer Kirchentag, Hamburg)

Beklatscht wird Hüsch auch von seinem großen Kabarettpublikum. Aber die Begeisterung, mit der ihm die vorwiegend jungen Besucher der Kirchentage begegnen, ist noch einmal ein besonderes Phänomen. Welche Erklärung hat er selber dafür?

„Ganz schwer zu sagen. Man kann sich ja nicht selbst loben, aber ich glaub schon, dass sie auch beeindruckt sind von dem älteren Herrn, der dort oben Dinge sagt, die sie sich auch von ihrem Vater gewünscht hätten. Manchmal kommt da raus: ‚Mensch, mein Vater ist fast genauso alt wie Sie, aber der hat längst aufgegeben.'

Und sie merken: Der ist davon felsenfest überzeugt, das ist jetzt keine Mogelei und keine Show, es geht auch nicht um Pointen, sondern da wird noch mal länger nachgedacht.

Und gerade auf Kirchentagen treffe ich diese friedfertigen jungen Leute, auf die ich große Hoffnungen setze. Wir haben ja keine Bewegung mehr. Die Ostermarschbewegung, die Friedensbewegung, das liegt ja alles im Argen oder hat sich aufgelöst in so kleine, fast sektiererische Grüppchen, aber auf dem Kirchentag sitzt eine Riesenbewegung. Was die natürlich alle machen, wenn sie wieder nach Hause kommen nach dem Kirchentag, das weiß ich nicht ..."

Was ich Ihnen noch sagen wollte
Es tut gut, dass die Bude wieder mal so gerammelt voll ist
Denn das gibt's nicht alle Tage
Das gibt es nur an Kirchentagen

Dass man denkt
Donnerwetter
Sollte Halleluja heißen
Donnerwetter
Wer hätte das gedacht
Dass wir so viele sind
Wir könnten eine Partei gründen
Eine Organisation
Eine Bewegung ins Leben rufen
In die Welt setzen
Wer hätte das geglaubt
Dass wir so viele sind
Fast die ganze Welt ist da
Alle sind gekommen
Und es werden immer mehr
Kaum zu fassen
Wir müssen doch eine große Menschenfamilie sein
Dünkt mich
Und können ganz beruhigt nach Hause gehn
Die christliche Weltrevolution steht bevor
Äh, nur ist davon
Wenn wir wieder in unsere Ecken und Kanten
zurückkehren
Kaum noch was zu sehn, zu hören und zu spüren
Hie und da schon
Einiges Aufbegehren
Aber insgesamt
Stille nach dem Sturm
Und der Kirchentag liegt schon ganz weit weg

Kleinarbeit ist angesagt
Einzelgänger
Kleiner Kreis
Flötentöne
Dunkelziffer
Ach, was waren wir doch so viele
Als die ganze Welt
Noch evangelisch war
Auf dem Kirchentag
(aus: Hallo, Ihr Säugetiere, 26. Deutscher Evangelischer Kirchentag, Hamburg)

Texte wie diesen hat Hüsch auf Bitten seiner Freunde von der Sacro-Popgruppe „Ruhama" geschrieben, als Conférencen zwischen den Liedern eines gemeinsamen Programms für den Kirchentag.

„Ganz so, wie das früher bei den Hofmusikern war, dieses Antichambrieren: Die standen zwischen zwei Zimmern und mussten immer warten, bis der Fürst sich entschieden hatte, damit sie was für das kommende Fest schreiben konnten. Dann kam der Kammerdiener und sagte: Jawohl, wir bestellen bei Ihnen eine Ouvertüre und ein Menuett und eine Sarabande, was weiß ich. Und so war es hier eigentlich auch."

Im heimischen Köln bestellt Pfarrer Uwe Seidel bei seinem Freund Hüsch einen Psalm, ein Segensgebet oder eine Predigt für seine Kirchengemeinde in Köln-Klettenberg, und dann schreibt Hüsch auch die „ohne Widerworte", wie er sagt.

Der Kleinkünstler ist längst ein gefragter Laienprediger in den Kirchen geworden, nur den wenigsten Anfragen kann er nachkommen. Doch seine Profession ist nach wie vor die Kleinkunst, und da hat er schon mehr als genug zu tun. Seine Fans erwarten noch etwas von ihm:

„Der macht für uns so'n bisschen Kabarett mit Hintergrund", sagt mir einer seiner Besucher in einer Programm-Pause. Und in einem Artikel über die Dichter, Künstler und Philosophen als „Priester, Prediger und Propheten" schreibt Klaus Harpprecht in einem Artikel in „Die Zeit":

„Was immer sein Geheimnis sein mag: Um ihn sammelt sich eine Gemeinde, wo und wofür und wogegen er auch auftritt, spontan und mit einer unaufhaltsamen Dynamik. Er könnte eine Kirche gründen" (Die Zeit, Nr. 39, 23. Sept. 1994, 58).

Auch um Hanns Dieter Hüsch, den Altmeister des deutschen Kabaretts, hat sich im Laufe der Jahre eine solche Fan-Gemeinde geschart. Ob ihr harter Kern für die Gründung einer Kirche ausreichen dürfte, bleibt ungewiss. Sicher ist, dass viele Menschen, die sich sonst kaum in eine Kirche verirren würde, in seinem Kabarett bereitwillig Geschichten über Gottes Menschenfreundlichkeit hören und Impulse für ihr Leben mitnehmen, dass sie ihm Dankes-Briefe schreiben mit der Nachricht: „Ihr Programm hat unsere Ehe gerettet" und seine philosophischen „Ansichten eines Clowns" als Bereicherung empfinden. Hatte der Songwriter Paul Simon recht, als er schon in den 60er-Jahren schrieb: „The words of the prophets are written on the subway walls", „die Worte der Propheten stehen auf den U-Bahn-Wänden geschrieben“? Holen sich die Menschen heute außerhalb der Kirchen bei den Künstlern die Botschaften ab, die sie für ihr Leben brauchen?

Als manchmal fast seelsorglich predigender Kabarettist auf der Bühne oder als kabarettistischer Prediger auf der Kirchen-Kanzel ist Hüsch heute ein Wanderer zwischen den Welten. Und so belächeln ihn als Kabarettisten die einen für seine „sentimentale Frömmigkeit“ und beargwöhnen ihn die anderen als Prediger für seine „freigeistig-verträumte“ Sicht des lieben Gottes. Damit kann Hüsch prima leben: „Und ich sage allen: Friede sei mit euch!“

Im übrigen meine ich
dass Gott uns das Geleit geben möge
Immerdar
Auf unserem langen Weg zu unserer Menschwerdung
Auf dem endlos schmalen Pfad zwischen Gut und Böse
Herzenswünschen und niedrigen Spekulationen
Er möge uns ganz nah sein in unserer Not
Wenn wir uns im dornigen Gestrüpp der Wirklichkeit
verlieren
Er möge uns in den großen anonymen Städten
wieder an die Hand nehmen
damit wir seiner Phantasie folgen können,
und auf dem weiten, flachen Land
wollen wir ihn auf unseren Wegen erkennen.

Er möge uns vor falschen Horizonten
und dunklen Abgründen bewahren,
so dass wir nicht in Richtungen wandern,
die uns im Kreise und an der Nase herumführen.

Er möge unseren kleinen Alltag betrachten,
den wir mal recht und mal schlecht bestehen müssen,
die zwölf Stunden Unrast
und die zwölf Stunden Ruhe vor dem Sturm.
Er hat den Tag und die Nacht geschaffen,
hat auch den Alltag gemacht und den Schlaf,
die zwölf Stunden Eilen und Kümmern und Laufen
und Sorgen und Streiten und Ärgern und Schweigen
und die zwölf Stunden Ausruhen und nichts mehr
Sehen und Hören.

(...) Er möge uns von seiner großen, zeitlosen Zeit
ein paar Stunden abgeben,
und – er kann gewiss nicht überall sein – er möge in
unsere Stuben kommen
und unsere Habseligkeiten segnen,
unsere Tassen und Teller, die Kanne, die Zuckerdose,
den Salzstreuer, die Essigflasche und den Brotkorb.

Er möge vor allem die Kinder schützen und die Tiere
vor jeglicher Willkür.
Ja, er möge sich zu uns an den Tisch setzen und
erkennen,
wie sehr wir ihn alle brauchen,

überall, auf der ganzen Welt.
Denn wer will uns erlösen
von all unserem weltgeschichtlichen Wahn
und von unseren täglichen Lebenskonflikten?

Gott, unser Herr, möge auch manchmal ein Machtwort sprechen
mit all jenen Herren, die sich selbst zu Göttern ernannt,
den Menschen durch Maschinen ersetzen
und für Geld Kriege führen
und mit Drogen alle Zukunft zerstören.

Er möge sich unser erbarmen am Tage und in der Nacht,
in der großen Welt und in der kleinen Welt unseres Alltags,
in den Parlamenten, in den Chefetagen der Industrie
und in unseren Küchen.
Er möge uns unsere Krankheiten überstehen lassen
und uns in der Jugend und im Alter seine Schulter geben,
damit wir uns von Zeit zu Zeit, von Gegenwart zu Gegenwart
an ihn anlehnen können,
getröstet – gestärkt – und ermutigt Amen.
(aus: Das Schwere leicht gesagt)

Kapitel 9

Wir sehen uns wieder

Ich seh ein Land mit neuen Bäumen.
Ich seh ein Haus aus grünem Strauch.
Und einen Fluss mit flinken Fischen
Und einen Himmel aus Hortensien seh ich auch.

Ich seh ein Licht von Unschuld weiß.
Und einen Berg, der unberührt.
Im Tal des Friedens geht ein junger Schäfer,
Der alle Tiere in die Freiheit führt.

Ich hör ein Herz, das tapfer schlägt
In einem Menschen, den es noch nicht gibt,
Doch dessen Ankunft mich schon jetzt bewegt,
Weil er erscheint und seine Feinde liebt.

Das ist die Zeit, die ich nicht mehr erlebe.
Das ist die Welt, die nicht von unsrer Welt.
Sie ist aus feinstgesponnenem Gewebe,
Und Freunde: Glaubt und seht: Sie hält.

Das ist das Land, nach dem ich mich so sehne,
Das mir durch Kopf und Körper schwimmt.

Mein Sterbenswort und meine Lebenskantilene:
Dass jeder jeden in die Arme nimmt.
(aus Programm: Meine Bibel)

Halbwegs genesen von seiner schweren Krebserkrankung ist Hüsch im September 1999 zurück. Während seiner langen Klinikaufenthalte, erzählt er mir, habe er zwischendurch schon mal „um Urlaub auf Ehrenwort gebeten":

„Und dann bin ich in die Philharmonie gegangen. Mit meiner Frau. Und war abends um elf wieder in der Klinik. Das hat mir so gut getan, mal wieder unter Menschen zu sein.

Obwohl ich sonst inzwischen Angst vor Menschen habe, also nicht persönliche Angst, um Gottes willen! Aber wenn ich durch die Stadt gehe mit meiner Frau – alleine ist das ja mittlerweile fast unmöglich für mich – dann verwirrt mich das schon rein optisch. Dieses Gewusel der Leute."

Ist die Zeit an Hüsch vorbeigelaufen? Was hat der utopische Träumer von einem „Himmel aus Hortensien" und dem „Licht von Unschuld weiß" denn noch verloren in der grellen, hektischen Postmoderne? Was hat der philosophische Clown noch zu suchen zwischen tumben Game-Shows und Comedy-Programmen, wo die „Witzigkeit" keine Grenzen mehr kennt?

Hüsch tippt seine Geschichten und Gedichte unbeirrt weiter auf einer alten Schreibmaschine. Die hat ein fortschrittliches Korrekturband. Immerhin. Ansonsten schmunzelt er, wenn die Zeit nur kurz den Blinker setzt und im

Bordcomputer-gesteuerten Porsche an ihm vorbeirast. Beim nächsten Stau wird er sie wieder einholen. Oder hat er sie längst hinter sich gelassen? Ist er „der Geschichte aus dem Weg gegangen“, wie er es einmal vorgeschlagen hat? Zumindest ist er ein äußerst vorsichtiger Fußgänger geworden:

„Laufen wir in der Innenstadt durch die Hohe Straße oder durch die Breite Straße, dann muss ich ungemein aufpassen, dass ich nichts übersehe, und nicht stolpere und hinfalle.“

Noch fehlt die Kraft in den Beinen nach den schweren Chemotherapien im Anschluss an die Operation im Mai ’99. Mit mühsamen Schritten betritt er an diesem Septembersonntag die Bühne des Kölner Senftöpfchens, bleibt neben seiner Orgel stehen und beginnt sofort zu reden:

H. D. Hüsch 1999 mit seinem gelungenen Comeback nach schwerer Krankheit.

Gegrüßet seist du,
spaßiges Völkchen der Lebendigen und der Sterblichen.
Selig gepriesen auch die tapfere Schar der Unentwegten,
die sich immer wieder aller Tristesse entgegenwirft.
Dank auch den stoischen Komikern,
die mit ihren Ratschen und mit ihren Schellen
den Lärm der blutigen Wettkämpfe und Massaker
versuchen zu übertönen.
Ferner, – mh, Moment mal, ähm, wenn Sie gestatten,
setze ich mich einen Moment …
Und ich könnte Ihnen zur Not auch etwas vortragen.

Sire, sag ich immer, Sire,
geben Sie der Albernheit einen Wert
und den Menschen ein Instrument,
eine Glocke, ein Pflaster, eine Trommel,
eine Salbe, einen Hammer, ein Kreuz,
um dem Kommunikationsterror,
der Fusionshysterie
und der Globalisierungsapokalypse zu entrinnen.
Einen sehr versehrten Morgen, meine wunderschönen
Damen und Herren.
Quatsch, das war falsch, nein,
einen sehr verklärten Morgen, meine wunderbaren,
nein auch falsch, ach,
einen sehr verkehrten Morgen, meine sonderbaren
Damen und …
ich lass es, ich lass es.
(aus Programm: Wir sehen uns wieder)

Hüsch ist zurück, um unsere „blutigen Wettkämpfe" mit Ratschen und Schellen zu übertönen und der „Albernheit einen Wert" zu geben. Der heilige Narr ist wieder da, um der „Welt einen Possen zu spielen", damit wir, die ihm zuhören, leichter in ihr leben können. Noch einmal hält der 74-jährige Kabarettist eine „Salbe" für uns bereit, um Schmerzen zu lindern, hat die „Glocke" mitgebracht, um öffentlichen Protest anzumelden, hat aber auch das „Kreuz" nicht vergessen, das jeder auf seine Art zu tragen hat und Jesus Christus für alle trug.

Von dessen mittlerweile ganz gut verheilten Wunden erzählt Hüsch ebenfalls in seinem Programm „Wir sehen uns wieder". Sie erinnern sich? Es ist ja nun schon zwei Kapitel her, dass der Niederrheiner im Himmel zu Gast war und sich mit Jesus angeregt im Café Pilatus über die seltsame Weltgeschichte und das himmlische Leben austauschte.

Hüsch ist zurück und übt sich in Gelassenheit, auch wenn er damit seine Frau zur Raserei bringt.

Lassen Sie auch manchmal zu Hause eine Tasse fallen,
also meistens ohne Absicht natürlich,
kann ja alles passieren, um Gottes willen,
wir sind ja keine Übermenschen.
Wenn ich manchmal eine Tasse fallen lasse
und die Tasse zerschellt auch noch unglücklicherweise
am Boden,
ich konnte sie nicht mehr auffangen,
dann bricht meine Frau jedes Mal fast zusammen.
Ich sag dann immer,

keine Dramen, keine Sehenswürdigkeiten,
keine Sippenhaft,
ganz ruhig bleiben,
fröhlich sein.
Das griechische Reich ging unter, das römische Reich ging unter,
das persische Reich ging unter, das ägyptische Reich ging unter,
das englische Reich ging unter, das japanische Reich ging unter
und das deutsche Reich ging unter,
da kommst du mir wegen so einer blöden Tasse, ist doch wahr.

Darauf sagt meine Frau immer einen Satz,
ein Satz, der mittlerweile in der ganzen Welt verbreitet ist,
das ist ein Satz von Frauen für Frauen:
Das ist doch keine Einstellung,
das ist doch nun wirklich keine Einstellung.
Darauf sage ich immer,
da mögt Ihr wohl Recht haben, Herrin!
Da mögt Ihr wohl Recht haben, Herrin,
sprach dann Till Eulenspiegel,
und verließ noch in der Nacht die Stadt.
(aus Programm: Wir sehen uns wieder)

Hüsch ist zurück und spickt sein komisches und poetisches Programm mit kryptisch-biographischen Versen, seltsame kleine Skizzen, hie und da völlig unvermittelt eingestreut:

Und in dem Werk hat man mich gefunden,
zwischen den Schaufeln und Schuhen,
den Schühchen der Kinder,
gleich hinter den Sträuchern, wo der Dom beginnt,
mit seinem Orgelgetute, das mich am Leben hält,
in meinem abendländischen Ohr,
jetzt und immerdar.
Ich bin der aus dem letzten Haus im Dorf,
mit den Flecken am Hals,
gleichzeitig gezeichnet von der Geschichte
sah ich das Mädchen, das Nackte,
wie alt mag sie sein,
auf dem weltberühmten Foto,
mit den Todeswolken im Rücken
lief sie schreiend der Welt entgegen.
(aus Programm: Wir sehen uns wieder)

Das Mädchen aus dem Vietnamkrieg, nach einem amerikanischen Angriff mit Napalmbomben, hat das Inferno überlebt. Eine der wenigen. Hüsch hat ihr Bild nicht vergessen. Es gehört zu den Brandmarken, die seine Seele gezeichnet haben, so wie die Musik der Kirche ihn getröstet hat, die Menschen der Kirche ihm zur Zuflucht wurden. Hin- und hergerissen zwischen Trauer und Trost ist der Kabarettist am Ende des Jahrtausends immer noch unterwegs und ein Grenzgänger geblieben zwischen melancholischer Verzweiflung und banger Hoffnung. Gerade noch träumte er wieder von einem „Land mit neuen Bäumen“, als ihn erneut die Schreckensbilder einer brutalen Weltgeschichte überfielen, doch da …

… saß ich schon längst in fliegenden Untertassen,
einfach weg, einfach fort, nach oben, einfach hoch,
einfach fort von allem, drüber weg,
sagt doch der Mensch,
drüber weg,
jetzt fällt es mir wieder ein,
drüber weg,
sagt er,
heißt der Heilungsprozess.
Mein atlantisches Auge hat alles gesehen.
(aus Programm: Wir sehen uns wieder)

Hüsch hat zu viel gesehen, um auf seine alten Tage noch „drüber weg" zu kommen. Er kann in so vielen fliegenden Untertassen sitzen, wie er will, er wird doch immer wieder zur Erde zurückkehren und nah dran bleiben an seinem eigentlichen Thema: dem Menschen.

„Wie wir Säugetiere uns verhalten und benehmen und versuchen, uns mit unserer Existenz einigermaßen über Wasser zu halten. Das interessiert mich.

Aber deswegen bin ich kein unpolitischer Mensch. Ich interessiere mich durchaus für die nächsten anstehenden Landtagswahlen. Und ich gucke schon in die Zeitung, um zu sehen: Was ist mit Rotgrün? Was machen sie jetzt wieder für Fehler, die einen fast glauben lassen, sie würden von irgendeinem unsichtbaren Dummen angeführt, der sie aufs Glatteis führen möchte."

Ich hatte auch in meinem Programm, speziell im zweiten Teil am Anfang,
ein paar brisante politische Themen miteingebaut,
aber ich hab sie dann wieder gestrichen, als ich plötzlich feststellte,
dass meine Versuche der Wirklichkeit nicht gerecht wurden.
Ansonsten setze ich nach wie vor auf Gerhards, den von der SPD,
auf Gerhards strategische Phantasie,
möchte ihn aber doch inständigst bitten,
die deutsche Gesellschaft insgesamt nicht zu überschätzen.
(aus Programm: Wir sehen uns wieder)

„Also, es richtet sich mehr gegen die Gesellschaft als gegen Herrn Schröder", erklärt Hüsch seine Position im Frühherbst 1999.

„Weil ich trotz allem meine: Hier wird ein Versuch unternommen, der es wert ist, ein bisschen beleuchtet, vielleicht sogar ein bisschen unterstützt zu werden, im Hinblick auf eine neue Gesellschaft.

Das alte ‚Sozi-Bild': ‚hie Arbeitnehmer, da Arbeitgeber' muss ja allmählich einmal aufgebrochen werden. Arbeitnehmer waren ja immer nur die, die mit dem Schutzhelm aus der Pütt kommen und um fünf Uhr die Schicht aus haben. Das stimmt ja nicht. Wir sind doch alle, wenn Sie so wollen, ‚Arbeitnehmer', und da müssen Kompromisse gefunden werden, und da muss die Menschheit mehr zusammenwachsen."

Ein politisches Plädoyer von Hanns Dieter Hüsch? Urplötzlich redet der poetische Utopist und christliche Clown wie ein aufrechter Sozialdemokrat. Sein Kabarett war ihm bekanntlich stets „zu schade“ für das politische Tagesgeschäft, doch der Privatmann Hüsch engagierte sich auch schon mal im Wahlkampf für Rudolf Scharping. Aus seiner kritischen Vorliebe für die SPD hat er nie einen Hehl gemacht. Als er gleich darauf ansetzt, den derzeitigen Zustand der deutschen Gesellschaft zu beschreiben, da ist der Kabarettist wieder ganz bei seiner Sache:

„Nun ist der Deutsche ja so: Wenn er irgendwo eine Zwiebacktüte gewinnen kann, dann ist er dabei, und wenn er eine weggenommen kriegt, dann heult er auf und protestiert und macht gleich einen Marsch auf Bonn oder Berlin. Und das finde ich so lächerlich. Den Deutschen kann man ja nichts mehr nehmen. Aber daran tragen natürlich auch die vorherigen Regierungen eine Mitschuld, denn sie haben den Deutschen sehr verwöhnt, finde ich.“

Eine Zwischenfrage, meine Damen und Herren:
Sind Sie korrupt?
Ja, seien Sie mir nicht bös, aber die Frage drängt sich
doch mittlerweile auf,
man will ja auch nicht zurückstehen,
man muss doch manchmal auch mitreden können,
damit man die Preise nicht kaputt macht,
das ist doch manchmal im Leben so,
oder man hat sich bisher einfach zurückgehalten,

weil man sich gedacht hat, ne, ne, ne,
das macht Vaters einziger preußischer Beamtensohn einfach nicht,
und dann erfährt man, dass sie es alle machen,
darum eigentlich meine Frage,
ob Sie auch korrupt oder bestechlich,
zu kaufen oder zu schmieren sind?
Das ist ja gar nichts Schlimmes mehr!
Ich bitte Sie! Wenn man grau meliert ist, so ein gewisses Alter erreicht hat,
kann man davon ausgehen,
dass derjenige korrupt ist, wie andere ihren Ehrendoktor bekommen, und Korruption, habe ich schon mal gehört, soll ja auch unsere Gesellschaft untergraben.
Ich bitte Sie, an dieser unserer Gesellschaft
ist doch gar nichts mehr zu buddeln,
da steht doch jedem schon das Grundwasser bis zum Hals,
und ich muss sagen:
lieber fleißig und korrupt als faul und unbestechlich.
Ich meine, mich hat noch nie jemand geschmiert,
weil ich von Hause aus zu dumm dazu bin,
obwohl ich jetzt auch wach geworden bin,
und mir sage, was andere können, das kannst du auch,
was andere dürfen, das machst du jetzt erst recht,
wer nicht schmiert, verliert.
Und daher meine Frage, ob Sie auch korrupt sind,
weil man sich ja vielleicht einmal gegenseitig braucht,
man kann das ja nicht wissen,

Erfahrungen austauschen kann
oder auch Tipps gibt,
weil ich ja meine, dass man als soziales Wesen auch
gesellschaftlich nicht aus der Reihe tanzen darf.
Der korrupte Mensch ist ja nicht von heut auf morgen
korrupt geworden,
ne, ne, das war ja eine lange Entwicklung,
bis der Mensch sich von dem alten korrekten
moralischen Verhalten lösen konnte
und sich nun ganz frei und ganz bestechlich überall
bewegen kann,
auf Kongressen und Herbstbällen,
Gartenpartys und brisanten politischen Veranstaltungen,
Vernissagen und Lottofestivals, auf Parteitagen und
Massenandachten,
ein leicht korruptes Völkchen wandert durch die Gassen
und Straßen –
und ich soll der einzige sein, der unbestechlich ist?
Nee, das seh ich nicht ein, nee, nee
(aus Programm: Wir sehen uns wieder)

„Ich glaube, man muss schon 50, 60 Jahre alt werden“, meint Hüsch beim Gespräch in der Garderobe, „bis man wirklich anfängt – das ist ein dickes Wort, aber ich sag’s mal –, an das ‚Humanistische‘ im Kabarett zu denken. Und nicht nur Klamauk fabriziert und nicht nur Grölen und Buhen und Kreischen und Pfeifen als Zustimmung erntet. Die Deutschen lachen ja gar nicht mehr. Die können ja nur noch brüllen. Die brüllen ja nur noch.“

Ist die Zeit an Hüsch vorbei gelaufen? Immer noch plädiert er im Kabarett unverdrossen für christlich-moralische und politische Tugenden. Ein Dinosaurier unter den Kleinkünstlern der Postmoderne? Nicht mehr ganz auf der Höhe der aktuellen Trends? Mag sein, aber wenn, dann mit vollem Bewusstsein:

„Sie wissen genau: wir leben in der Zeit der Ulknudeln. Das ist momentan die höchste Auszeichnung für einen Kleinkünstler in Deutschland, wenn er den Rang der Ulknudel erreicht. Genau das Gegenteil davon möchte ich.

Die Gesamtgesellschaft will lachen, das ist klar. Das ist ganz wichtig. Und das soll sie auch. Aber ich finde, man muss auch ein bisschen mit ihnen üben, das andere wenigstens nicht zu vergessen und auch Denken als Gewinn und vielleicht sogar als Genuss zu empfinden."

Comedy-Shows im Fernsehen. Ein Massenpublikum, das mit immer derberen Zoten zum Schenkelklopfen animiert werden muss. Alles das verfolgt Hüsch mit der Gelassenheit eines Profis, der mehr kabarettistische Epochen kommen und gehen sah als irgendein anderer Kleinkünstler in Deutschland.

„Das Kabarett hat immer vom Wechsel gelebt. Die Kabarettgeschichte ist eine Geschichte von ganz verschiedenen, sich gegenseitig zum Teil im Wege stehenden, zum Teil aber auch befruchtenden Augenblicken und Momenten, die aber immer wieder vorbei gegangen sind. Es hat eine Zeit lang das reine Agitprop-Kabarett gegeben in den 20er-Jahren, und es hat dann später daneben das reine Unterhaltungskabarett auf dem Kurfürstendamm in Berlin gegeben. Das konnte aber nebeneinander existieren.

Es ist ja sowieso fraglich, was das Wort ‚Kabarett' oder ‚Cabaret' eigentlich bedeutet. Die einen sagen: es ist eine bunte Schüssel mit Salaten, die kennt man ja, ‚Cabaret', eine Schüssel mit verschiedenen Fächern, das heißt praktisch: für jeden etwas. Oder kommt es aus dem Spanischen: ‚Kabaretta', das Wort für kleine Kneipe. So sind ja die Kleinkünstler eigentlich entstanden, dass ein Wirt die Idee hatte, in seinem Laden ein Podium aufzustellen, mit einem Klavier, und da sprangen abends dann ein paar verrückte Poeten für eine Erbsensuppe auf die Bühne. Das ist im Grunde immer mein Traum vom Kabarett gewesen."

Für eine Erbsensuppe springt auch Hüsch schon lange nicht mehr auf die Bühne. Aber ist auch der Traum vom verrückten Poeten auf der Bühne ausgeträumt? Werden die Deutschen dermaßen „zu Tode amüsiert", dass ihre Geschmacksnerven für feinsinnige Pointen, philosophischen Hintersinn und poetische Gefühle in einigen Jahren völlig abgestumpft sein werden? Die kulturpessimistische Vision einer drohenden Comedy-Apokalypse teilt Hüsch überhaupt nicht.

„Ich habe das Gefühl: Es überlebt sich. Das sind vorübergehende Geschichten.

Und ich finde, das muss man jetzt mal so laufen lassen und auch so durchstehen, möchte ich fast sagen, und das wird auch wieder anders werden. Sagen wir: Noch ein, zwei Jahre. Dann sind auch die Klamotten-Komiker verschwunden. Wir sind gerade in einer großen Biegung, in einer Kurve, wo das schon wieder zurückgeht."

Und mit dem vertrauten Schalk im Nacken prophezeit er: „Es werden auch wieder andere Kreuze kommen. Das sieht man am Anfang nicht, aber später merkt man dann schon, was los ist."

Was wird los sein, wenn die Comedians verschwunden sind? Wer ist dann noch da, den die Menschen in der Kleinkunst hören und sehen wollen?

„Die eine gute Mischung anbieten", meint Hüsch wie aus der Pistole geschossen, „und dem Publikum etwas zeigen, was auch, sagen wir mal, Gefühl und Wärme hat."

Der Kabarettist vom Niederrhein gehört zu den wenigen Menschen, die ich kenne, bei denen selbst die Eitelkeit etwas liebenswürdig Sympathisches hat. Natürlich meint Hüsch seine eigene Mischung aus Komik und Gefühl, Prophetie und Poesie, die eine neue Blütezeit erleben wird. Und natürlich hoffen wir mit ihm, dass andere in seine großen Schuhe für die krummen Füsse nachwachsen und dass neben dem Ablachen auch das Mitgefühl seinen Platz im Kabarett zurückerobert.

„Auch bei mir hat es immer eine Wandlung gegeben, ich kann nicht sagen: vom Kabarett zur Comedy, da bin ich mittlerweile zu alt drüber geworden, aber ich bin ja auch, das wissen Sie selbst, heiterer geworden in meinen Programmen.

So dass manche sagten: ‚Also, jetzt hat er die Politik ja vollends aufgegeben und ist auch nur ein Spaßmacher. Und nun hat er seinen Niederrhein entdeckt und da reitet er jetzt drauf rum.' Aber natürlich war ich nie ein Komiker im Sinne der heutigen Comedians, ich war auch kein Quatschmacher, das liegt mir nicht. Bei mir war immer ein bisschen Literatur und ein bisschen Philosophie dabei. Doch man kann ruhig sagen: Auch der Hüsch ist noch leichter geworden, er unterhält gern und macht gern Spaß. Und manchmal kehrt er dann allerdings wieder zurück zu den großen, alten wichtigen Themen, also – in mir sind immer noch verschiedene Mischungen verborgen."

Ich habe nun mal wirklich festgestellt,
dass ich eigentlich gar nichts bin,
ich will damit nicht sagen, dass ich ein Nichts bin,
aber die meisten Menschen sind doch heute was,
ich dagegen,
ich kann an mir herauf oder herunter gucken,
wie ich will,
ich bin nichts.
Sehen Sie mal,
ich bin kein Kegler, ich bin kein Ruderer, kein Segler,
ich bin kein Fotograf, ich sammle keine Schmetterlinge,
keine Bierdeckel, ich hab keinen Schrebergarten,
ich bin kein 3000 Meter Hindernisläufer,

ich kann kein Auto fahren, ich habe keine Briefmarken-
sammlung,
ist doch kein Leben, ist doch kein Leben, nicht,
ich habe keine Briefmarkensammlung,
ist doch kein Leben,
ich bin kein Taucher, ich bin kein Wandervogel,
ich bin nicht im Mandolinenclub,
ich mache keine Laubsägearbeiten,
auch nicht für andere übrigens,
von wegen Weihnachten und so,
ich habe kein Opernabonnement, ich spiele kein Skat,
ich gehe nicht auf die Jagd, ich bin kein Sonntagsmaler,
ich bin kein Reiter, ich bin kein Tonbandamateur,
kein Funker, kein Waldläufer, nichts von alledem,
ich bin weder Rodler noch Jodler,
liege nicht auf Luftmatratzen, fliege nicht Drachen,
ich stehe immer nur dumm rum und gucke zu.
Wenn ich mir, wie man das früher als Kind gemacht hat,
aus einer Zeitung eine Mütze basteln will,
um mich zu schützen vor dem Regen,
wird immer eine Schwalbe draus.
Es gibt ja welche,
die machen aus einem Kühlschrank ein Kinderbett
oder aus einer Türklinke ein Bügeleisen,
aber bei mir kommt immer eine Schwalbe raus.
Ich mein, ich geb nicht auf.
Vielleicht gelingt mir eines Tages doch irgendwas,
und wenn nicht:
Ach, man kann eben nicht alles haben, sein und können.

Ich bin eben zu kurz gekommen. Macht nichts!
Ich sage immer so:
Selig sind die zu kurz Gekommenen,
denn die tun einem nichts!
(aus Programm: Wir sehen uns wieder)

Hüsch tut weiter so, als könne und wüsste er nichts. Um im nächsten Satz die Welt auf seine Weise zu erklären. Und „weil wir uns auf dieser Erde nicht ganz zu Hause fühlen", wie es ein großer deutscher Schriftsteller einmal gesagt hat, darum kann es nicht schaden, dass es in Deutschland im Herbst 1999 noch einen altersweisen Kabarettisten gibt, der uns gern daran erinnert. Und der uns dann so ganz nebenbei seine poetische Vision für das neue Jahrtausend beschreibt.

In den Jahren von 2058 bis 2066
wird das gesamte Himalaja-Gebirge
von 220.000 Chinesen in Nonstopschichten abgetragen
und in der Sahara wieder neu aufgebaut,
da dort seit 2055 der meiste Schnee fällt.
Dadurch werden die Hälse der meisten Menschen
im Durchschnitt um zehn Zentimeter länger.
Die Freude am Wellensittich erlischt.

Im Jahre 2077 aber geschieht dann ein Gipfel der Wissenschaft.
Anfänglich noch geheim, aber so ungeheuer,
dass man das Maul, Vergebung, dass man das Maul
nicht verschließen mochte noch konnte:

Der Mensch ist unsterblich.
Mochte auch alles nicht gleich so sein wie es sollte.
Das Enzym 00-Strich-00-Strich-00-Strich-00-EINS
als Mixtur in jedweder Zelle
lässt den Menschen zum Pantoffeltier werden.
Anders beschrieben:
Ein Zweifüßler,
der sich aus Teilstücken wiederherstellen kann
wie der Regenwurm.
Der verlorene Gliedmaßen ersetzen kann
wie der Molch.
Der sich außerhalb des Mutterleibs entwickeln kann
wie das Känguru.
Und der Winterschlaf halten kann
wie der Igel.
Der Pantoffelmensch, oder auch homo pantoffelens,
von 2077.
Ewiglich und immerdar,
das Herz bleibt jung, das Auge klar.
Es gibt kein weißes Haar.
Ja, ist das nicht wunderbar?
Himmelsakrament.
(aus Programm: Wir sehen uns wieder)

Ist Hüsch der Welt vorausgeeilt oder hat die Zeit ihn längst überholt? Närrische Prophetie und seltsame Wirklichkeit: Schon seit einigen Jahren arbeitet die biopharmazeutische „Geron Cooperation" in den USA fieberhaft an der Entwicklung eines Enzyms, das den menschlichen Alterungsprozess aufhalten soll. Mit den Nachweisen erster Erfolge. Und es gibt namhafte und seriöse Wissenschaftler, die ernsthaft behaupten, die Chancen stünden nicht schlecht, dass die Menschen künftig mehr als 300 Jahre alt werden könnten. Der erste Schritt auf dem Weg zur Unsterblichkeit? „Truth is stranger than fiction“, sagen denn auch ebenfalls die Amerikaner: „Die Wirklichkeit ist verrückter als die Fiktion.“ Doch die Entwicklung der Unsterblichkeitsdrogen wird teuer. Und Hanns Dieter Hüsch hat schon weiter gedacht:

Mochte auch alles nicht gleich so sein, wie es sollte,
denn es kam in Überlegungen der Gedanke,
welcher denn jetzt zuerst unsterblich sein dürfe.
Und welcher vorerst noch sterblich sein müsse.
Und es kamen nach diesem Gedanken
die Bestechung, die Schleicherei und die Fälschung.
Und es gab vielerorts ein Würgen und Ringen,
dass mancher es gerne beim Alten beließ
und wanderte weg.
So die Familie Schlüter nach Spitzbergen.
Und es ist uns bezeugt von diesem Abschied,
der wochenlang anhielt,
wie er gewesen:
Da steht auf den Steinen von Dünkirchen
die Familie Schlösser,
auserwählt und unsterblich,
und ruft schätzungsweise zwei Wochen:
„Lebt wohl!“

Und auf den schnell zusammen geschusterten Schiffen,
noch aus dem 20. Jahrhundert,
ruft man zurück: „Lebt wohl!"
Und die Familie Schlüter,
sterblich nach eigenem Willen,
winkt und grüßt,
und die Familie Schlösser,
unsterblich nach allerlei Schriftkram und Schmiergeld
und einem einflussreichen Vetter,
winkt und grüßt,
und das geht wochenlang.
Das geht wochenlang.
Und es wird prophezeit, dass um das Jahr 2090
insgeheim viele schon dies unsterblich Leben verwerfen.
(aus Programm: Wir sehen uns wieder)

In dem finalen Text seines Programms „Wir sehen uns wieder" kommt der Kabarettist noch einmal auf sein Lebensthema zu sprechen, das schon ein Psalmensänger aus dem Alten Testament einst in einem Gebet formulierte: „Lehre uns bedenken, dass wir sterben müssen, auf dass wir klug werden" (Psalm 90, Vers 12). An dieser Lektion auf unserem Stundenplan wird sich auch in der Zukunft nichts ändern, meint Hüsch. Und die Vergangenheit? „Wir sterben an Erinnerungen", hat der Kleinkünstler schon vor Jahren gesagt. Wie persönlich er das meinte, demonstriert er in der ersten Zugabe an diesem Sonntagmorgen im September. „Erinnerung" heißt der Text, den Hüsch bereits 1964 geschrieben hat.

Siehst du den Waldrand? Den gehst du entlang.
Bis an den Fluss mit seinem steinigen Gesang.
Am andern Ufer beginnt dann das Moor,
Das, wie du weißt, man in sieben Stunden durchquert haben muss.
Und gegen Morgen erreichst du dann die ausgestorbene Kleinstadt,
wo noch die Schaukelstühle auf den Veranden sich wiegen,
wo noch die Pappeln im Winde sich krümmen
und sich dein Schatten im Staube verflattert.
Und du erinnerst dich. Du erinnerst dich an den Schuster mit seinen ewig bügelnden Schwestern.
An den Küster mit seinem alles besser wissenden Sohn
und an den kleinen schmutzigen Laden mit Lakritz und Studentenfutter.
An den Notar mit seinem aufrechten Gang.
An die schöne Frau Jansen, die auf und davon ging.
An die Kleinbahn, die über die Wiese beim Gaswerk fuhr.
An den elitären Herrn Medizinalrat.
Und an die Schrödersche Fabrik, in der manchmal die Mädchen turnten.
An den kleinen Herrn Lindberg mit seinen spanischen Augen
in der Konditorei, wo die besseren Leute verkehrten.
Gegenüber vom kleinen Marktplatz,
auf dem im September die Schiffschaukel stand.
Nicht weit von der Kneipe, in der die Beamten

sich rasch zwischendurch ein kleines Bier einverleibten.
Und du erinnerst dich an den schmalen Dentisten,
der für ein Gehacktes Brötchen Zähne entfernte.
An den Frisör, der alles unter der Hand schnitt.
An die Orgelkonzerte, sonntags um fünf.
An die Butterfrau aus dem Nachbardorf.
An den mutigen Pfarrer, der direkt aus Amerika kam,
an die Milchglasscheiben des kleinen Operationssaales,
nicht weit von der Molkerei.
Und an die so genannten einfachen Leute,
die in der so genannten Siedlung lebten.
An den Gelegenheitsfuhrmann, der mal Briketts und mal Rüben
von Hülsdorf nach Friemersheim fuhr.
Und du erinnerst dich an all diese Menschen,
heute schon zweimal eingeebnet.
An die Näherin mit dem kranken Kopf,
an den Gemeinde-Inspektor, der sich das Leben nahm.
Und an den dicken Holtmann, der in der Tanzstunde
das Klavier bediente.

Hüsch reiht die Bilder seiner Kindheit vor uns auf. Er war 39 Jahre alt, als sie ihm wieder eingefallen sind. Heute ist er 74. Und seine zukünftige Reise in die Vergangenheit am Niederrhein wirkt plötzlich so, als habe sich Hüsch inzwischen wirklich auf den Weg gemacht, als habe er den Koffer einfach zu Hause stehen lassen und steuere in Gedanken bereits zielsicher auf all diese Menschen zu, deren Gräber schon längst „zweimal eingeebnet“ wurden und die schon lange darauf warten, dass Hüsch sie endlich besucht in ihrer „Welt, die nicht von unsrer Welt“, in der anderen Welt, wo die Zu-kurz-Gekommenen erblühen und die Gescheiterten nun doch noch „wer“ sind, wo der Frisör zum „Herzog“ wird und der Pfarrer „Richard Löwenherz“, wo die kleinen Leute plötzlich perfekt Französisch sprechen, wo die lang gehegten Träume sich erfüllen und „jeder jeden in die Arme nimmt“.

Und du gehst weiter bis zu dem grünen Haus,
bis zu dem grünen Haus östlich vom Bahndamm,
da, wo früher die Trinkhalle stand.
Denn man erwartet dich.
Man erwartet dich.
Und du gehst.
Und die Türen werden von innen geöffnet.
Denn dort sitzen sie alle.
Und sind emsig damit beschäftigt, sich gegenseitig zu grüßen
und aus Witwenschleiern Girlanden zu drehen.
Und wenn sie dich sehen,
dann beginnt das große Kleinstadtspiel.
Dass man erst im zweiten Leben erlernen kann.

Dass der Schuster der Doge von Venedig
und der Notar der Herzog von Ajou.
Die schöne Frau Jansen und der kleine Herr Lindberg
haben am Nordpol ein Rendez-Vous.
Der Dentist spielt die Orgel und stellt sich dir vor:

Ich bin Friedemann Bach mit dem kleinen Telemann im Ohr.
Und die Mädchen aus der Schröderschen Fabrik
verfolgen dich mit ihrem Silberblick.
Und dass es dich nicht wundert: Es sind Kurtisanen
aus Antwerpen, 17. Jahrhundert.
Der Küster sitzt in einem weißen Schlitten.
Dirigiert von dort die spanische Armada.
Der Frisör hat seine Haare auch schon lang nicht mehr geschnitten
und kommt jetzt auf dich zu: Und mit Verlaub,
ich bin der, den sie schon lange suchen.
Herzog von Burgund,
wenn sie wollen auch noch Graf der kleinen Täler
mit den roten Buchen, Ihr versteht.
Und die kleinen Leute sprechen jetzt perfekt Französisch.
Haben Spiegel in der Hand und begrüßen dich.

Und der Pfarrer nimmt ein altes Foto von der Wand.
Und der Fuhrmann und die Butterfrau vermählen sich.
Aus der Tapete tritt jetzt der Inspektor,
der sich einst das Leben nahm,
und verbeugt sich vor der Näherin,
die bisher sehr scheu und zahm.
Doch jetzt hat sie sich erhoben, und sie spricht:
Ich bin Elsa von Brabant.
Und wir haben Sie erwartet.
Ich ernenne Sie zum König von den flachen Wiesen.
Eingeschlossen Kräuter und verschiedene sanfte Hügel.

Und der Pfarrer, der sich Richard Löwenherz jetzt nennt,
überreicht dir dann das alte Foto,
in der linken Ecke unten bist du schwach zu sehn.
Noch als Bub, Grimassen schneidend.
Und der Fuhrmann und die Butterfrau umringen dich.
Und der Fuhrmann sagt:
Dieser Ausdruck ist entscheidend.
Und die Butterfrau entpuppt sich dann
als Hedwig von den grünen Auen.
Und der Fuhrmann hat sich eine Krone aufgesetzt.
Und spricht: Entschuldigt, Sire!
Wir sind im Kopfe alle leicht verletzt.
Darauf lachen alle, und der Schuster spricht:
Sei gegrüßet, mein König von den flachen Wiesen.
Und verlass uns nicht.

Und nach dreimal 24 Stunden kommst du dann zurück.
Über Moor und Fluss,
und dann das letzte Stück am Wald entlang.
Und es steht in deinem übernächtigten Gesicht:
Geh besser nicht.
Geh besser nicht.
Nie mehr zurück.
Nie mehr zurück.
Doch wie du deinen Kopf auch drehst.
Ich weiß:
Du gehst.

Warum liest er uns gerade diesen Text? Der alte schwer kranke Mann auf dem Wege der Genesung? Warum gerade heute diesen melancholisch endgültigen Gesang, den ich noch gar nicht hören will?

„Geh besser nicht, Hanns Dieter Hüsch!", denken wir nur einen Moment lang. „Mein König hat mich gerufen, am Wege die Flöte zu spielen, damit alle, die sich dahin schleppen, einen Augenblick stehen bleiben, um Atem zu holen", hat der indische Dichter und Philosoph Tagore gesagt. Ein Lieblingszitat des Kabarettisten. Und Hüsch spielt weiter.

Übertreiber steht in meinen Papieren.
Auch die Familie hält mich für einen,
der übertreibt.
Der Feuer sieht,
wo keines ist.
Der Menschen sucht,
wo keine mehr sind.
Der Hoffnung hat,
die keiner mehr will.

Plötzlich beginnt die kleine philicorda zu wimmern. Zum ersten Mal an diesem Sonntag im September 1999 greift Hüsch in die Tasten seiner Orgel und spielt das „Abendlied", das er Mitte der 70er-Jahre als Heimweh-Lied geschrieben hat. Zerbrechlich melancholisch zittern die wenigen Akkorde durch das zweistöckige Senftöpfchen. Ich sitze oben auf der Empore und schaue hinunter auf die kleine Bühne. Hüsch hat sich ganz tief über sein Örgelchen gebeugt, um das Textblatt noch lesen zu können. Und ich spüre, dass hier „ein alter Mensch den Abschied übt", wie Hüsch einmal geschrieben hat.

Es sollte das letzte Mal sein, dass ich Hanns Dieter Hüsch auf der Bühne singen hörte. Doch bis heute klingen seine Lieder und Geschichten in mir nach. Und in Gedanken verneige ich mich noch einmal vor Gottes altem Clown mit seinem leicht verbogenen Heiligenschein: Habe die Ehre, Herr Hüsch! Wir sehen uns wieder!

Was macht dass ich so fröhlich bin
In meinem kleinen Reich
Ich sing und tanze her und hin
Vom Kindbett bis zur Leich

Was macht dass ich so furchtlos bin
An vielen dunklen Tagen
Es kommt ein Geist in meinen Sinn
Will mich durchs Leben tragen

Ich bin vergnügt, erlöst, befreit
Gott nahm in seine Hände meine Zeit
Mein Fühlen Denken Hören Sagen
Mein Triumphieren und Verzagen
Das Elend und die Zärtlichkeit

Was macht dass ich so unbeschwert
Und mich kein Trübsal hält
Weil mich mein Gott das Lachen lehrt
Wohl über alle Welt

Verwendete Literatur

Der Autor bedankt sich bei Chris Rasche-Hüsch für die Erlaubnis, für dieses Buch Teile aus den Programmen der letzten 40 Jahre abzudrucken. Die Rechte für diese Texte liegen bei Chris Rasche-Hüsch.

„Den möchte ich sehen“ und „Das schwarze Schaf vom Niederrhein“ aus: Hanns Dieter Hüsch, Das Hanns Dieter Hüsch Buch. © Chris Rasche-Hüsch

„Das Phänomen“ aus: Hanns Dieter Hüsch, Wir sehen uns wieder. © Chris Rasche-Hüsch

„Das Monotone Lied“ aus: Hanns Dieter Hüsch, Du kommst auch drin vor. © Chris Rasche-Hüsch

„Im Winter möchte ich immer …“ aus: Hanns Dieter Hüsch, Das kleine Weihnachtsbuch. © tvd Verlag, Düsseldorf

„Für wen ich singe“ / „Ich setze auf die Liebe“ / „Dies ist meine Geschichte“ / „Es ist dem Menschen beigegeben“ / „Bedenkt, dass jetzt um diese Zeit“ / „Wenn die Krieger kommen“ / „Sie sagen, Idealismus ist ein Intelligenzdefekt“ / „Mein Testament“ / „Meine Bibel“ / „Ich seh ein Land mit neuen Bäumen“ / „Psalm“ aus: Hanns Dieter Hüsch, Das Schwere leicht gesagt. © tvd Verlag, Düsseldorf